Retratos do estrangeiro
identidade brasileira, subjetividade e emoção

Claudia Barcellos Rezende

Retratos do estrangeiro
identidade brasileira, subjetividade e emoção

ISBN — 978-85-225-0725-2

Copyright © 2009 Claudia Barcellos Rezende

Direitos desta edição reservados à
EDITORA FGV
Rua Jornalista Orlando Dantas, 37
22231-010 — Rio de Janeiro, RJ — Brasil
Tels.: 0800-21-7777 — 21-2559-4427
Fax: 21-2559-4430
e-mail: editora@fgv.br — pedidoseditora@fgv.br
web site: www.fgv.br/editora

Impresso no Brasil / *Printed in Brazil*

Todos os direitos reservados. A reprodução não autorizada desta publicação, no todo ou em parte, constitui violação do copyright (Lei nº 9.610/98).

Os conceitos emitidos neste livro são de inteira responsabilidade do autor.

Este livro foi editado segundo as normas do Acordo Ortográfico da Língua Portuguesa, aprovado pelo Decreto Legislativo nº 54, de 18 de abril de 1995, e promulgado pelo Decreto nº 6.583, de 29 de setembro de 2008.

1ª edição — 2009

PREPARAÇÃO DE ORIGINAIS: Mariflor Rocha

EDITORAÇÃO ELETRÔNICA: Leo Boechat

REVISÃO: Fatima Caroni e Aleidis de Beltran

CAPA: Santa Fé

**Ficha catalográfica elaborada pela
Biblioteca Mario Henrique Simonsen / FGV**

Rezende, Claudia Barcellos, 1965-
    Retratos do estrangeiro: identidade brasileira, subjetividade e emoção / Claudia Barcellos Rezende — Rio de Janeiro : Editora FGV, 2009.
    128 p.

    Inclui bibliografia.

    1. Identidade social. 2. Características nacionais brasileiras. 3. Nacionalismo. I. Fundação Getulio Vargas. II - Título.

CDD – 301.2

"Se uma gata tem cria dentro do forno, o que nasce: gato ou biscoito?"

Para Sergio e Marisa, meus pais, que me criaram este desafio.
Para Icléa, minha avó, in memoriam, *que sabia das respostas.*
Para Sebastião, meu filho, que terá seus próprios desafios.

Sumário

Agradecimentos 9

1 A identidade nacional em questão 11

Identidade e pertencimento à nação 19
Brasileiros no exterior 25
Os contornos do estudo 31

2 As narrativas sobre o "brasileiro emotivo" 35

Narrando a nação 39
Histórias das paixões 42
O Brasil através do espelho 50

3 A experiência de ser um estrangeiro brasileiro 53

As dificuldades da adaptação 57
Corpo e aparência de brasileiro 64
A diferença incômoda 68

4 Os sentidos subjetivos da identidade brasileira 73

Identidade brasileira e estereótipos 84
Identidade, pertencimento e comunidade 87

5 As emoções em torno do "brasileiro emotivo"   93

Fazer amigos e sentir-se brasileiro   95
Os sentimentos expressos: incômodo, solidão e fascínio   103
As emoções e as tensões de ser um estrangeiro brasileiro   110

6 Estereótipos nacionais e identidades ambíguas   113

Referências bibliográficas   119

Agradecimentos

Este livro resultou dos projetos "Somos ocidentais? A construção de identidade nacional entre intelectuais" e "Os elos do pertencimento: identidade nacional e subjetividade", desenvolvidos entre 2001 e 2006 e apoiados pelo Programa Pró-Ciência da Uerj. Contei também com o apoio do Programa de Iniciação Científica da Uerj e tive assim a oportunidade de discutir muitas ideias com meus bolsistas na época, Guilherme Nogueira de Souza e Carlos Costa Rodrigues Luz.

Algumas partes do livro já foram publicadas anteriormente, de modo distinto de sua apresentação aqui. O segundo capítulo é uma versão alterada do artigo "O brasileiro emotivo: reflexões sobre a construção de uma identidade brasileira" (*Revista Brasileira de Sociologia da Emoção*, João Pessoa, v. 2, n. 4, p. 93-112, 2003). O quarto capítulo é uma versão revista e acrescida do artigo "Ser brasileiro: identidade nacional e subjetividade entre acadêmicos" (*Interseções*, v. 6, p. 293-310, 2004). O quinto capítulo reúne, de forma modificada, partes dos artigos "Stereotypes and national identity: experiencing the emotional Brazilian" (*Identities*, v. 15, p. 103-122, 2008) e "Saudades do Brasil? Identidade nacional sob o prisma da antropologia das emoções" (*Revista Brasileira de Sociologia da Emoção*, v. 5, p. 117-127, 2006).

João Trajano Sento-Sé me ajudou de várias formas — com a literatura sobre nacionalismo e com leituras de textos preliminares meus. Pude também acompanhar uma disciplina sobre pensamento social brasileiro que ele deu, junto com Helena Bomeny, em 2001, e para a qual fiz como "trabalho final" uma primeira versão do segundo capítulo.

Ao longo da pesquisa, troquei ideias com Ângela Torresan, que gentilmente me cedeu uma cópia de sua tese de doutorado sobre brasileiros em Portugal. Agradeço também a Marco Antonio Gonçalves, que me convidou a apresentar os dados dessas pesquisas em um seminário no IFCS/UFRJ em 2007, ocasião em que pude debater algumas análises que estão no livro.

Nesses anos todos, Maria Claudia Coelho acompanhou este trabalho do início ao fim e foi leitora da primeira versão do livro, além de rascunhos anteriores de vários capítulos. Sua visão crítica e amiga me alertava sempre para análises concisas demais e fins abruptos.

Contei também com o apoio inestimável de Gilberto Velho, que, a partir da leitura do primeiro manuscrito, discutiu comigo várias questões que enriqueceram a versão final. Sou extremamente grata a ele pelo carinho e atenção.

Agradeço a meu pai, Sergio, pela ajuda na obtenção de dados do CNPq. Além disso, devo muito do meu olhar a ele e a minha mãe, como pais e pessoas que também fizeram suas pós-graduações no exterior. As experiências deles formam histórias que cresci ouvindo e que levei comigo quando eu mesma fiz meu doutorado em Londres.

Por fim, devo muito aos meus entrevistados — amigos e conhecidos —, que arranjaram tempo nas suas agendas corridas para relembrar e conversar comigo sobre suas estadias no exterior. Mais ainda, se dispuseram a estar na posição muitas vezes desconfortável de "objeto de estudo". Espero que minha interpretação de suas histórias, ainda que seja um outro olhar, transmita o respeito que tenho por eles.

1

A identidade nacional em questão

Este livro surgiu de uma série de indagações pessoais que se transformaram nos últimos anos em preocupações intelectuais. O problema da vivência de contrastes e de seus efeitos sobre a construção da identidade foi ganhando elaboração teórica ao longo de meus estudos sobre amizade na década de 1990, e me levaram a pesquisar como pessoas que fizeram pós-graduação no exterior experimentaram ser um estrangeiro brasileiro, experiência que também tive. Mas, muito antes disso, já era uma questão que provocava muitas sensações e debates internos que se tornaram gatilhos das reflexões que desenvolvo aqui.

Nasci em Boston, nos Estados Unidos, enquanto meu pai fazia doutorado. Vim para o Brasil com dois anos e meio e, ao longo de uma infância e adolescência divididas entre o Rio de Janeiro, onde passava férias, e Recife, onde morava, retornei mais duas vezes aos Estados Unidos — nessas ocasiões à Califórnia, quando minha mãe fez mestrado e depois doutorado. Cresci com a sensação de ser de muitos lugares e, ao mesmo tempo, de não ser de lugar algum: era americana quando estava no Brasil, brasileira nos Estados Unidos, carioca em Pernambuco, e pernambucana no Rio de Janeiro. A identidade brasileira era uma questão para mim. Embora minha família fosse brasileira e eu tivesse crescido no Brasil, o fato de ter nascido nos Estados Unidos, e por isso ter passaporte americano, e de ter vivido lá alguns anos, me dava a sensação de ser também em parte americana. E a ideia de ser de dois lugares — espelhada na minha dupla cidadania — era angustiante, pois se traduzia para mim como uma escolha que eu devesse, mas não conseguia fazer.

Quando resolvi fazer doutorado em Londres, fui motivada basicamente pelo desejo de viver fora novamente, dessa vez na Europa e sem meus pais e irmãs. Havia no fundo a expectativa de que uma nova experiência no estrangeiro pudesse ajudar a "descobrir" qual era a minha identidade. Já existiam bons cursos de doutorado em antropologia no Brasil e, embora tivesse interesse no diálogo com intelectuais estrangeiros, minhas indagações pessoais pesaram claramente nessa decisão.

Meus anos em Londres foram muito diferentes das minhas estadias anteriores na Califórnia. Lá, tinha morado em uma cidade pequena, Santa Bárbara, com minha família aos 10 e depois aos 17 anos. Se a primeira vez havia sido uma experiência bastante feliz, com muitos amigos na escola primária, a segunda, já cursando a graduação na universidade, foi difícil. O inglês anteriormente fluente estava enferrujado, o que me envergonhava, e destacava um sotaque estrangeiro que eu não achava que tinha. Na universidade, como as pessoas não ingressavam em um curso particular e faziam disciplinas variadas em todas as áreas, não havia turmas e, portanto, esse não era um meio de fazer amizade com os americanos, que pareciam fazer amigos pelas formas coletivas de residência. O fato de morar com a minha família nessa época parecia me marcar como ainda mais diferente dos outros universitários. Embora meu inglês tenha voltado a ser fluente no final do primeiro ano, continuei tendo dificuldade de fazer amigos americanos e me mantive mais em um círculo de amigos brasileiros e latino-americanos.

Já em 1989, cheguei sozinha em Londres, segura do meu inglês e deslumbrada com uma capital tão cosmopolita. Morei no primeiro ano em uma residência coletiva da universidade na qual conheci e fiz amigos vindos de todas as partes do mundo. Também tive o privilégio de ter o contato com um casal de ingleses idosos, parentes de um amigo brasileiro, que me adotaram com seus jantares regados a muito vinho, boa comida e ótimas histórias da vida da classe trabalhadora e de Londres na guerra. Ao contrário de outros estudantes brasileiros que conhecia, o doutorado em antropologia tinha, em sua maioria, estudantes ingleses e, como resolvi estudar amizade em Londres, consegui entender seus códigos e fazer bons amigos ingleses. E, como ápice de minhas relações com os ingleses, namorei um colega de doutorado inglês, que depois foi fazer trabalho de campo em Madagascar.

Nos três primeiros anos, então, mergulhei de cabeça na vida inglesa a tal ponto que comecei a pensar em não voltar ao Brasil. Ninguém perguntava de onde eu era — já falava inglês com vocabulário e sotaque razoavelmente britânicos, e no máximo com alguns traços americanos, mas nunca comentaram sobre um sotaque brasileiro. Já me vestia como os padrões locais — logo adotei calças jeans largas e depois os famosos sapatos ingleses Dr. Martens, em vez do tênis usado pelos americanos. Em vários momentos na rua ou no metrô, quando via outros brasileiros, não fazia questão de ser reconhecida por eles como brasileira. Achava que passava por europeia de origem latina e me lembro da surpresa de saber que a secretária do departamento pensava que eu era americana. Uma amiga peruana me dizia que eu não parecia brasileira, pois era mais contida e pouco "física" (*physical*) na expressão dos meus afetos — o que, além de ser um traço meu, refletia minha preocupação em seguir as regras locais de manter uma certa reserva. O fato é que, graças a tudo isso, comecei a achar que minha parcela de identidade brasileira significava pouco mesmo.

Mas eu mantinha um círculo de brasileiros amigos, alguns já conhecidos antes da viagem como uma grande amiga de faculdade em Recife que me amparou na chegada. Por meio dela e de seu marido, frequentei no primeiro ano muitas festas e almoços — muitas feijoadas — com outros brasileiros, que depois voltaram ao Brasil. Fiz poucos amigos brasileiros lá, pois estava resolvida a não repetir minha experiência anterior nos Estados Unidos e a fazer amigos ingleses. Mas alguns deles me acompanharam durante os quatro anos e foram eles que me apoiaram principalmente nas dificuldades da fase final. Ao contrário deles, porém, contei com a família por perto enquanto estava lá: minha irmã Isabel fez um mestrado de um ano e meio no norte da Inglaterra e minha mãe fez seu pós-doutorado também fora de Londres.

Ainda assim, foi somente com a minha vinda ao Rio de Janeiro para as festas de fim de ano em 1992 que comecei a perceber que minha identidade de brasileira pesava mais do que eu imaginava. Como tinha ficado três anos sem vir ao Brasil, foi um choque voltar ao calor em todos os sentidos — a temperatura alta, os dias muito ensolarados, a quantidade de gente ao redor falando alto e me tocando. Não eram mais apenas beijos como cumprimentos, mas também longos abraços, que de início estranhei e depois passei a apreciar muito. O carinho que vinha de pessoas que eu estava conhecendo naquele momento — amigos das minhas irmãs, além do afeto da minha grande família — me impressionou e tocou muitíssimo.

Quando retornei a Londres no início de janeiro, senti outro choque. A falta de sol, os dias curtos do inverno, o silêncio dos cômodos fechados, o telefone em casa que não tocava e ainda por cima me dei conta de que nem meus amigos brasileiros se beijavam mais ao se verem... Ao final de uma semana assim, resolvi terminar de escrever minha tese no Rio, afastamento que foi fundamental para repensar minha identidade e também retomar um olhar distanciado sobre meu material de campo em Londres.

Nesses meses finais, percebi que, ao contrário do que achava, muitas pessoas se relacionavam comigo como mulher brasileira, me atribuindo a imagem de pessoa simpática, afetuosa e mais descontraída do que os ingleses. Talvez não desse para adivinhar de cara que eu fosse do Brasil, mas minha brancura não era a mesma dos ingleses — segundo uma amiga americana, nem "branca" eu era por causa de um tom de pele mais "escuro". Quando me apresentava como brasileira, essa identidade marcava previamente minhas interações, bem mais do que eu esperava. Repensando meus primeiros meses, percebi que os vários homens estrangeiros da residência coletiva onde morei me olhavam com uma simpatia um pouco maior ao saberem minha origem. Depois entendi que o fato dos ingleses com quem estudei sempre me cumprimentarem com beijos não era devido somente às suas experiências de viagem por países de cultura latina, mas principalmente por estarem lidando com uma pesquisadora brasileira. Mesmo que eu fosse mais contida e tímida, a imagem associada aos brasileiros, e às mulheres em particular, de pessoas afeitas aos contatos físicos, me acompanhava.

Dessa experiência de viver quatro anos em Londres ficaram muitos marcos e muitas sensações. Além dos ganhos intelectuais de ter feito um doutorado, com os aspectos específicos do departamento onde estudei, aprendi muito sobre partes do mundo que desconhecia por meio de amigos que fiz e do contato, ainda que fugaz, com as pessoas no cotidiano de uma cidade tão cosmopolita. Mas meu maior ganho foi ter reconstruído uma identidade brasileira, que, apesar de constar no passaporte e em minha herança familiar, não era tão definida para mim. Foi preciso passar pelo doloroso processo de tentar fazer parte de uma outra sociedade para perceber que eu não conseguia fazê-lo, pelo menos não "virando" inglesa.

Embora eu tivesse domínio da língua e de muitos códigos sociais, faltava-me a importantíssima habilidade de reproduzir e embarcar no senso de humor inglês, elemento fundamental de suas relações. Apesar de ter feito muitas amizades, inclusive com ingleses, havia uma instabilidade no meu círculo social — meus amigos voltavam para seus países ou viajavam para seus trabalhos de campo — que foi me deixando igualmente instável e dificultava me sentir parte daquele lugar. Ou seja, não era suficiente manejar um conjunto de valores e formas de agir dos ingleses para pô-los em prática ao estabelecer relações com as pessoas; faltava para mim uma identificação maior com ele e uma solidez nas amizades. Daí o impacto daquela vinda para o Natal no Rio ao me ver cercada de muitos parentes e amigos — laços solidamente afetivos, com o conforto de não ter que pensar em códigos de comportamento.

É claro que essa é uma experiência muito pessoal e também fruto de uma história familiar, marcada por idas ao exterior para estudos de pós-graduação, que me expôs desde cedo a vivências de lugares diferentes. É certo também que o que reconto nesta apresentação é uma edição guiada pela minha memória de um tempo vivido há quase 20 anos, a partir das minhas preocupações de agora. No entanto, o modo como recortei essas lembranças seguiu os eixos dos relatos que analiso neste livro. Em todos, encontramos a interação entre o que cada um levou consigo — sua bagagem pessoal, social e cultural — e o que cada um encontrou na sociedade local — o lugar do estudante estrangeiro, as relações com as diversas pessoas naquele país e as visões existentes sobre os brasileiros. Assim, todos falaram de sua relação com a língua e os códigos locais, das amizades feitas e não feitas, das dinâmicas de gênero e raça que revelavam as imagens que os brasileiros tinham naquele lugar. Portanto, se minha vivência de contrastes e a consequente forma de elaborar identidade foram singulares, os elementos, as situações e as dinâmicas presentes nesse processo de construção identitária são mais amplos e são deles que trato neste estudo.

Começo com o depoimento de Alberto, que tinha 25 anos quando viajou para a Bélgica para fazer seu doutorado e que em alguns aspectos tinha uma trajetória semelhante à minha.[1] Já havia estado na Europa antes — sua mãe era espanhola — e nasceu na Inglaterra, em função dos

---

Os dados biográficos foram alterados para preservar o anonimato das pessoas estudadas.

estudos do pai. Tendo crescido no Rio de Janeiro, desde cedo tinha o projeto de estudar fora, em parte pela sua própria história e pela experiência da família da mãe. Contribuiu para isso o fato de especializar-se em uma área da história pouco desenvolvida no Brasil na época. Viajou com sua mulher, que não tinha, em princípio, planos de estudar.

Conversando comigo em 2002, 10 anos depois de seu retorno, Alberto relembrava sua experiência de ser um estudante estrangeiro e brasileiro na Europa.

> *Alberto — Uma coisa que me irrita profundamente é a hipocrisia. Quando eu fui, teve o assassinato do Chico Mendes, a preparação do Rio 92, a história de proteger a Amazônia e a hipocrisia deles, e dos alemães, me irritava profundamente, são muito eurocêntricos todos, o que eles são e o que eles fizeram... Essa hipocrisia como eles olham pros problemas dos outros como se eles não tivessem problemas, nada a dever, nenhuma explicação a dar... Uma característica de brasileiro assim que... Uma coisa que não é minha, mas que ficou ressaltada... Duas coisas: o brasileiro é muito aberto e gosta muito de estrangeiro, é uma relação com o outro que é impressionante. A gente está sempre precisando que o outro nos diga que...*

> *Claudia — Um outro estrangeiro...*

> *Alberto — É um estrangeiro acima, de preferência, é um europeu, o brasileiro precisa ser elogiado, o brasileiro me parece que muitas vezes quer ser um europeu. Não vai ser nunca, não tem como, impossível. Mas entra um mecanismo de você querer... São essas características, é muito aberto, muito simpático, se dá com certa facilidade, mas esse se dar me parece ter um objetivo: "eu quero ser reconhecido por esse outro, ele está num lugar que pode me reconhecer". Enfim essas foram as características que eu mais percebi.*

Este trecho de seu relato mostra como ele se via diante de sua percepção do que era "o brasileiro", imagem elaborada a partir de algumas perspectivas entrelaçadas: como pensava os europeus e o contraste entre eles e os brasileiros. Predominava o tom de distância das características que ele via no "brasileiro" — não era uma "coisa" dele. O depoimento de Alberto ilustra também a principal questão que tomei como ponto de partida para minha pesquisa: a vivência de uma situação que evidencia uma identificação entre "nós" por oposição a "eles", como eixo de elaboração subjetiva de uma identidade brasileira naquele contexto.

Minha decisão de analisar a experiência de estudar e viver no exterior não foi, é claro, motivada apenas pelas indagações pessoais que apresentei acima. Já havia me aproximado do tema no final da década de 1990, quando pesquisei jovens que fizeram intercâmbio escolar no exterior, estudo cujo objetivo principal havia sido a formação de amizades.[2] Os jovens viajaram durante as últimas séries do ensino médio para estudar e viver por um ano em outra sociedade, hospedados por uma família local. Embora esse projeto tenha sido um desdobramento de meus trabalhos anteriores sobre amizade (Rezende, 2002), o modo como a identidade brasileira era vivida naquele contexto já era uma questão presente, principalmente quando discorriam sobre suas relações com os amigos na sociedade local.

Ao mesmo tempo, nessa época começavam a surgir alguns trabalhos sobre brasileiros que imigraram para o exterior a partir dos anos 1980. Mas estes vinham geralmente de camadas médias baixas, muitas vezes de cidades pequenas e partiam sem previsão de retorno. Assim, a escolha por pesquisar pessoas que haviam feito pós-graduação no exterior representava um recorte até então pouco examinado. Ao contrário da maioria dos migrantes brasileiros, o grupo que estudei vinha de famílias de camadas médias intelectualizadas, muitos já eram pesquisadores e professores universitários antes de viajar, viviam em uma metrópole como o Rio de Janeiro e já haviam voltado ao Brasil para trabalhar como professores universitários.

Assim, elegi como foco de estudo uma experiência singular — ser um estudante de pós-graduação estrangeiro nos Estados Unidos e na Europa — vivida por um conjunto particular de brasileiros — pessoas de camadas médias residentes no Rio de Janeiro — para entender como elaboravam sua identidade nacional. Além dessa singularidade, era uma experiência que representava um marco na vida dessas pessoas — era a primeira vez que viviam quatro anos no exterior e desse período havia resultado uma etapa importante de suas formações acadêmicas, com ganhos concretos para suas carreiras profissionais.

---

[2] A experiência de intercâmbio no exterior foi estudada no projeto "A construção de identidades e alteridades através da amizade", desenvolvido no âmbito do Programa Pibic da Uerj entre 1999 e 2003, com a assistência de Juliana Lohman e Tatiana de Laai na realização das entrevistas.

A partir dessa escolha, várias questões se colocavam: até que ponto o fato de estarem fora do Brasil, vivendo o contraste com a sociedade local, aguçaria suas percepções de uma identidade brasileira? Quais as particularidades do contraste experimentado de acordo com cada país de destino e também em relação a experiências anteriores de viagem? Em torno de quais significados, imagens e relações se construía a identidade para essas pessoas? Que sentido de pertencimento era elaborado a partir deles? Como as dimensões de gênero e raça se apresentavam nesse processo? Por fim, como essas percepções afetavam o modo de se relacionar com outras pessoas, brasileiras e estrangeiras?

São essas indagações que busco responder neste livro. Parto da perspectiva subjetiva dos atores estudados, tomando como premissa uma visão da subjetividade como culturalmente elaborada. O imaginário em torno do Brasil — composto por narrativas e imagens que circulam amplamente dentro e fora do país — será abordado como representações com as quais essas pessoas se relacionavam, de forma às vezes pacífica, às vezes tensa. Portanto, neste livro procuro articular três conjuntos de questões teóricas: a elaboração e vivência das identidades nacionais em contexto estrangeiro; a relação entre a construção da identidade brasileira e o imaginário em torno dela, em particular com imagens e narrativas produzidas pelo campo do pensamento social brasileiro; a experiência subjetiva da identidade.

Nessas três dimensões está presente o elemento da emoção, seja como característica de uma visão da identidade brasileira encontrada dentro e fora do Brasil, seja como parte da experiência da identidade no estrangeiro. Ou seja, em alguns momentos, a emoção torna-se objeto de investigação — o que seria a emotividade "típica" dos brasileiros e como as pessoas estudadas lidavam com ela — e em outros, recurso de análise — como as emoções expressas nos relatos apontam para dinâmicas e tensões nas relações sociais em questão. Desse modo, busco dar continuidade à preocupação de meus estudos anteriores sobre a amizade, tratando a emoção como construção social e cultural e, portanto, como assunto das ciências sociais.

No restante deste capítulo introdutório, discuto alguns aspectos teóricos dos conceitos de *identidade* e, em particular, de identidade nacional, buscando pensar como se constrói a ideia de *pertencimento* — eixo fundamental das minhas reflexões. Em seguida, faço um breve mapeamento dos estudos recentes sobre os migrantes brasileiros no exterior, salientando nesse recorte os aspectos com os quais dialogarei ao longo do livro. Por fim, apresento os contornos metodológicos da pesquisa que produziu os dados analisados aqui.

Identidade e pertencimento à nação

A construção do pertencimento a grupos sociais é uma das questões fundamentais das ciências sociais. Com ela, discutimos as dimensões cultural e social da pessoa e seu relacionamento com grupos sociais, tanto aqueles dos quais ela é membro quanto aqueles aos quais não pertence ou não se associa. No estudo desse tema, podemos destacar alguns aspectos que merecem atenção, como a dinâmica de recrutamento dos grupos sociais, as relações entre grupos sociais e a elaboração do vínculo de pertencimento do sujeito ao grupo. Este último põe em foco o conceito de identidade, que articula o plano subjetivo do indivíduo à sua inserção social.

A identidade tem sido abordada de formas diversas — desde discussões gerais em torno da experiência individual à formação de identidades específicas como as de gênero, sexualidade, etnicidade e nacionalidade, incluindo também as dinâmicas políticas dos movimentos identitários. Nesse quadro, a identidade vem sendo geralmente tratada, na literatura atual de ciências sociais, como planos de identificação que são construídos continuamente — e não dados *a priori* — e desempenhados de acordo com os vários contextos de interação, sempre em transformação (Butler, 1991; Hall, 1998; Calhoun, 1994; Kondo, 1997).

Essa postura teórica tende a se afastar de visões clássicas que a tomavam como um processo ontogenético (Erikson, 1987; Berger e Luckmann, 1985), parte do desenvolvimento psicofisiológico do indivíduo. Nestas, a identidade se cristalizaria na idade adulta, em torno de uma essência particular, apesar da importância dos mediadores sociais — família, escola, grupos de amigos etc. — para sua formação. Nas discussões recentes, o debate sobre a essencialização das identidades tem dividido o campo (Calhoun, 1994; Woodward, 2000), sendo tratada como base para sua construção, mesmo que esse processo seja visto como eminentemente social, ou como estratégia de mobilização das políticas identitárias. Para outros, que partilham de uma visão construtivista, a noção de essência funcionaria como figura de retórica, frequente nos movimentos identitários erigidos em torno de gênero, sexualidade, raça, etnicidade e nação (Butler, 1991; Weeks, 1987; Calhoun, 1994; Oliveira, 1976; Verdery, 2000).

Apesar da diversidade de enfoques e perspectivas, há dois aspectos que gostaria de destacar aqui para compreender como a identidade gera pertencimento, pontos relativamente consensuais na literatura. Em primeiro lugar, o conceito remete a uma relação de unidade e semelhança de um sujeito com um determinado grupo social, por contraste com outros grupos. Definir quem é uma pessoa implica definir quem ela não é. Assim, a identidade é sempre relacional e contrastiva. Essa relação simultânea de inclusão e exclusão está atrelada a uma característica básica da vida em sociedade, que é a presença de sistemas de classificação de pessoas e grupos sociais. Assim, são essas categorias, que organizam as semelhanças e diferenças entre as pessoas, que formam o alicerce da identidade.

Em segundo lugar, essa relação é reconhecida socialmente — pelo grupo afim e pelos outros — e tem significado para o sujeito como algo que o define subjetivamente. É nesse sentido subjetivo que a noção de identidade se distingue do conceito de papel social, que não prevê identificação necessária entre o sujeito e a posição social ocupada. Berger e Luckmann (1985) enfatizam o conteúdo afetivo que faz parte desse processo de identificação, particularmente presente naquele que se desenvolve na socialização primária. Além disso, apesar do debate sobre a existência ou não de uma essência individual, a subjetividade é vista em grande parte como sendo construída cultural e socialmente, de forma que a identidade articula duas instâncias de caráter igualmente social — a experiência individual e o pertencimento a grupos sociais.

Existem outros aspectos e questões em torno da identidade que remetem especificamente para sua vivência na sociedade ocidental moderna. O grau de escolha exercido pelo indivíduo na construção de sua identidade e a coerência ou não entre suas várias dimensões identitárias têm sido problemas discutidos por vários teóricos nos últimos anos (Giddens, 1991; Bauman, 2005; Hall, 1996 e 1998).[3] Igualmente debatida tem sido a afirmativa de que a identidade é contextual — tal qual uma performance desempenhada de acordo com cada contexto de interação (Butler, 1991; Kondo, 1997).

---

[3] Desenvolvo essa discussão sobre o problema da coerência da identidade em relação ao sujeito em outro trabalho (Rezende, 2007).

Esta última ideia tem sido uma questão central nos estudos de identidades étnicas e nacionais. A literatura nas ciências sociais sobre o tema é vasta e recobre vários aspectos. No caso das identidades nacionais, foco deste livro, sua discussão está frequentemente articulada ao estudo do nacionalismo como movimento político, doutrina e/ou sentimentos (Breuilly, 2000; Smith, 1997). Muitos debatem também a vinculação do nacionalismo com certas configurações sociais históricas (Anderson, 1991; Gellner, 2000; Smith, 2000), sua relação com o Estado como forma política (Habermas, 2000; Guiberneau, 1997) e principalmente seu futuro em tempos de modernidade tardia (Balakrishnan, 2000; Hobsbawm, 2000; Mann, 2000). Longe de pretender mapear este campo, gostaria aqui de examinar alguns aspectos que caracterizam a identidade nacional.

Como frisa Handler (1994:29), grupos não são entidades delimitadas, mas processos simbólicos que emergem e se dissolvem em certos contextos de ação. Assim, mais do que pensar grupos étnicos ou nações como dotados de substância, definidos por culturas, línguas, histórias particulares, é preciso tomá-los como formas de organização social (Barth, 1969; Eriksen, 1993), cujas fronteiras e conteúdos variam no tempo e no espaço. Por isso então Oliveira (1976) enfatizou, já há muito, o caráter frequentemente latente das identidades étnicas, que só se manifestariam em situações de contraste, o que também é comum às identidades nacionais. Como afirma Balakrishnan (2000:221), "na maior parte do tempo, a experiência de pertencer a uma nação é tênue e superficial".

Por outro lado, as identidades nacionais especificamente teriam a pretensão de englobar mais que outras identidades. Smith (1997) discorre sobre o caráter mais ou menos coesivo das identidades de gênero, de local e região, classe social, religião e etnicidade, cada nível mais inclusivo do que o anterior. Mas nenhuma delas teria o potencial de mobilização coletiva esperado das identidades nacionais, em virtude de sua ancoragem em uma comunidade política mais ampla. Enquanto as outras identidades fragmentariam a coletividade, essa construção identitária reuniria os membros de uma comunidade nacional de forma mais duradoura.

O pertencimento a uma comunidade política é um dos elementos-chave da identidade nacional e traz consigo duas questões. A primeira diz respeito à ideia de pertencer como algo consciente. A consciência de fazer parte de uma comunidade política, com direitos e deveres comuns a todos, faria parte de qualquer identidade ou movimento nacional (Hroch, 2000; Smith, 1997). Igualmente importante é a noção de partilhar experiências em função de pertencer a uma nação (Woodward, 2000; Anderson, 1991; Verdery, 2000), aspecto que serve para diferenciar os que não pertencem.

A segunda questão refere-se ao que se define como comunidade. Seja com base em um território demarcado, seja partindo de um grupo de descendência, o que estaria em foco é a ideia de que há um grupo com limites e contornos bem definidos (Smith, 1997; Breuilly, 2000; Anderson, 1991), separando aqueles que não pertencem e que, portanto, não partilham experiências nem direitos e deveres comuns. Mais do que ressaltar a existência de uma comunidade de fato, muitos autores têm enfatizado a nação como um sistema de representação cultural (Hall, 1998; Bhabha, 1990; Chatterjee, 1993; Woodward, 2000), um símbolo potente (Verdery, 2000). Como já destacou Anderson (1991:6), na frase que se tornou célebre, a nação é uma comunidade imaginada, e o que distingue uma da outra é o estilo na qual ela é imaginada.

Tomando então as comunidades nacionais como construções, há alguns aspectos que as caracterizam. As noções de cultura e história partilhadas por todos integram a formação de uma comunidade nacional. Vários autores (Anderson, 1991; Bhabha, 1990; Hall, 1998; Verdery, 2000) ressaltam, porém, que as culturas nacionais são narrativas, discursos, que implicam visões muitas vezes homogeneizantes e essencialistas dessa cultura comum. Assim, seu caráter construído bem como a diversidade cultural e social, que gera frequentemente conflitos e disputas em torno do que é "autenticamente" nacional, desaparecem nessas narrativas. Do mesmo modo, a construção de uma história nacional é ela própria datada historicamente e envolve a referência a um mito de fundação, a tradições inventadas, visões parciais do passado nacional e negociações sobre a memória coletiva.

É importante salientar que essas narrativas são elaboradas geralmente tendo como contraste identidades estrangeiras, seja a de comunidades nacionais vizinhas (McDonald, 1993; Bowie, 1993), seja a das antigas metrópoles coloniais (Bhabha, 1990; Chatterjee, 1993). Aqui vemos uma qualidade da identidade de um modo geral — sua dimensão contrastiva e relacional. Além disso, o que é tomado como referência de alteridade varia em cada período histórico.

Além das noções de cultura e história comuns, a identidade nacional implica uma elaboração de autoimagem coletiva, estando articulada geralmente a elementos de gênero e raça. Ou seja, a construção da identidade nacional envolve uma apropriação simbólica do corpo pela eleição de marcos como o pertencimento a uma mesma raça (ou então à mistura racial, como quer a narrativa nacional brasileira) ou a escolha de um determinado gênero como representativo do sujeito nacional. Com isso, a figura do sujeito nacional ganha certas características físicas particulares que o distinguem de outros sujeitos nacionais. Como argumenta Stolcke (2002), essa qualidade resulta do processo de delimitação de um "povo", que implica a elaboração e distribuição dos direitos de cidadania entre aqueles que são considerados "nacionais".

Juntamente com traços físicos que fazem parte de uma autoimagem coletiva, há a dimensão subjetiva — nos termos colocados por Verdery (2000:242), o "sentimento do 'eu' como nacional". Aspecto menos analisado na literatura sobre nacionalismo e identidade nacional (Radcliffe e Westwood, 1996), a compreensão dos processos de construção de subjetividades nacionais volta-se para o modo como os indivíduos desenvolvem um sentimento de pertencimento e identificação com a nação, bem como de distinção de outros sujeitos nacionais. Cohen (2000:150) fala até em "nacionalismo pessoal" — a ideia de que os sujeitos refletem suas identidades como nacionais em toda sua pessoa. Igualmente importante é a forma como as pessoas se relacionam com imagens estereotipadas do sujeito nacional, criadas tanto pelas próprias narrativas nacionais (Herzfeld, 1997) quanto por parte dos imaginários de outras nações.

Nessa perspectiva voltada para a experiência subjetiva, torna-se também significativo entender como as pessoas usam e reelaboram idiomas oficiais ajustando-os a interesses pessoais. Do mesmo modo que governos podem recorrer à linguagem da intimidade e da domesticidade na busca de seus objetivos, "cidadãos se envolvem em um trabalho incessante de moldar o significado da identidade nacional, frequentemente de forma que subverte a ideologia oficial" (Herzfeld, 1997:9). Herzfeld (1997:3) argumenta a favor da existência de uma base comum que dissolve níveis de poder bem definidos, o que ele chama de intimidade cultural. Esta se refere à ideia de que a identidade nacional contém uma medida de vergonha juntamente com virtudes idealizadas, conferindo, aos de dentro, familiaridade com as bases do poder que permite, em um momento, criatividade irreverente e, em outro, intimidação efetiva.

Em resumo, a identidade nacional implica tanto a construção de narrativas de pertencimento, acionadas em contextos e relações específicas, disputadas por grupos e movimentos nacionalistas, quanto a experiência destas por indivíduos concretos. Analisar esta última ilumina o que significa fazer parte de uma comunidade nacional — em quais situações isso é importante, o quanto isso reflete na subjetividade de cada membro, as tensões e negociações em torno desse pertencimento.

Essas questões ganham novos matizes com algumas características da modernidade tardia, como a globalização que põe em xeque o Estado-nação como forma política, e consequentemente o lugar e significado das identidades nacionais (Bauman, 2005; Domingues, 1999; Woodward, 2000; Hall, 1998). As identidades nacionais estariam perdendo seu lugar como pontos de referência (Hall, 1991:44), ou então estariam conquistando novos espaços e pesos na vida social? Além disso, como ressalta Anderson (1991), a comunidade nacional sempre foi imaginada mais do que vivida em interações face a face, algo que nos dias de hoje, com os espaços virtuais, torna-se ainda mais perceptível. De modo que se podemos ainda hoje pensar em comunidade nacional articulando identidades, deveríamos então tomá-la mais como uma construção de um sentido de reconhecimento e pertencimento, do que como a ocorrência de interações face a face, como sugere Amit (2002)?

Mesmo em um contexto globalizado no qual o Estado-nação vem tornando-se uma forma política mais instável, Verdery (2000:240) argumenta que estamos diante de "um símbolo potente e uma base de classificação num sistema internacional de Estados nacionais" que, em vez de desaparecer, "continuará a ser fundamental para a experiência humana e para a pesquisa, ainda que de novas maneiras" (ibid, p. 246). Bauman (2005) chama a atenção para o quanto a instabilidade das referências sociais e a diluição de fronteiras entre "nós" e "eles" provoca em muitos a necessidade da busca de um refúgio seguro em comunidades bem demarcadas. Hall (1998) também discute como, com a intensificação de fluxos culturais entre as nações, podemos encontrar tanto o esmaecimento quanto o fortalecimento de identidades nacionais e locais, tanto formas de fundamentalismo quanto de hibridismo.

Entre os muitos fluxos culturais que circulam entre as nações, o crescente deslocamento espacial das pessoas nas últimas décadas, por motivos de trabalho, exílio político ou mesmo turismo, coloca alguns desafios para a construção de identidades nacionais. Appadurai (1995) comenta como a proposta normativa do Estado-nação de articular território, população e soberania fica ameaçada com os movimentos migratórios, criando instabilidade para a produção de um senso de localidade particular ao mesmo tempo em que produz "translocalidades". As formas culturais geradas pelas diásporas também tendem a subverter os discursos nacionalistas, uma vez que são vividas por grupos que mantêm alianças importantes com uma nação ou comunidade dispersa que está distante (Clifford, 1997). Alguns autores associam esses movimentos à formação de "identidades transnacionais" (Ribeiro, 1998; Vertovec, 1999), implicando vínculos de pertencimento a mais de uma nação e criando comunidades e redes sociais que atravessam fronteiras nacionais. Embora Matory (1999) alerte para o fato de que a existência de identidades transnacionais seja mais antiga do que se supõe, acompanhando o surgimento do Estado-nação, e não prefigurando sua morte, os crescentes deslocamentos de pessoas pelo globo sugerem novas formas de pensar a relação entre espaço, pertencimento social e identidade.

Brasileiros no exterior

A migração de brasileiros para o exterior vem crescendo desde meados da década de 1980, tendo se tornado um objeto de investigação para cientistas sociais. Estima-se que aproximadamente 2 milhões de brasileiros vivam no exterior, embora esse dado do Ministério de Relações Exteriores se baseie apenas naqueles que se registram nos consulados e embaixadas brasileiras (Torresan, 2004).

A literatura sobre esse tema é bastante recente — a maioria dos estudos surge na década de 1990 — e volta-se para a inserção dos brasileiros nos países de destino, principalmente Estados Unidos (Ribeiro, 1998 e 1999; Sales, 1999; Martes, 1999; Margolis, 1998), Japão (Sasaki, 1999; Oliveira, 1999), Portugal (Barros, 2006; Machado, 2006; Torresan, 2004), Espanha (Rial, 2005; Cavalcanti, 2005) e Inglaterra (Torresan, 1994). Embora minha análise tenha como foco pessoas que saem do Brasil com sua data de retorno prevista, ao contrário daqueles pesquisados nesses trabalhos, há uma série de questões comuns a respeito da relação entre os brasileiros e a sociedade local. Assim, longe de fazer uma revisão bibliográfica exaustiva, gostaria de apontar aqui alguns aspectos da experiência de migrante brasileiro que considero significativos para a contextualização dos meus dados.

Um dos pontos recorrentemente analisados nesses estudos são as dimensões relativas ao trabalho — como motivação para emigrar, a inserção no mercado de trabalho local, a ilegalidade, as imagens dos trabalhadores brasileiros. Entre elas, acho importante destacar que, na maioria das vezes, os brasileiros que migram trabalham em serviços mais pesados e menos valorizados, de menor status social em relação a suas ocupações nos estratos médios no Brasil (Sales, 1999; Margolis, 1998; Sasaki, 1999; Oliveira, 1999). Ainda que os salários sejam vistos como compensadores da pouca valorização desses empregos e que posteriormente seja possível conseguir trabalhos mais qualificados, muitos migrantes têm que lidar inicialmente com uma inversão de status social. A exceção parece ser o caso da migração brasileira em Portugal estudada por Torresan (2004). Lá, os migrantes mantêm seu status de profissionais qualificados, distribuídos em geral nas profissões liberais, empresariado, entretenimento, chegando mesmo a disputar, com os portugueses, definições sobre competência técnica como no "drama" vivido por dentistas brasileiros (Torresan, 2004:91).

A manutenção ou perda de status social vem a ser articulada à construção e negociação de imagens do trabalhador brasileiro. Sales (1999) discute a elaboração da autoimagem do brasileiro como "povo trabalhador" entre migrantes na região de Boston, Estados Unidos. Essa construção surgia em contraposição à representação do brasileiro nativo como preguiçoso e à visão estereotipada dos migrantes hispânicos que "não trabalham, vivem do Welfare americano e vendem drogas" (Sales, 1999:41). Além disso, a imagem de povo trabalhador estava associada ao fato de o trabalho do brasileiro ser bem-visto pelos americanos, como mostra Sales, tomando como exemplo a opinião de que o brasileiro era caprichoso nos serviços de limpeza e era reconhecido como tal. Nesse caso, as imagens positivas em torno de um "povo trabalhador, lutador" pareciam compensar a perda de status das ocupações menos valorizadas.

No estudo de Torresan sobre brasileiros em Portugal, vemos que o esforço de manutenção de uma posição de classe média entre os migrantes implicava certo sentimento de superioridade cultural em relação aos portugueses. Assim, Portugal não representava para esses brasileiros o modelo de modernidade a ser seguido; ao contrário, a presença deles auxiliaria o processo português de modernização (Torresan, 2004:114). A cultura de trabalho portuguesa era considerada, pelos brasileiros, muito formal, rígida, burocratizada, excluindo as qualidades de flexibilidade e criatividade que estes teriam.

Essas imagens específicas em relação ao trabalho revelam um aspecto mais geral do processo de construção de identidade brasileira que ocorria no exterior — sua dimensão contrastiva. Em todos os estudos, a identidade nacional passava por um processo tanto de reformulação, não apenas de significados, mas principalmente de valor, quanto de reafirmação. Entravam em questão formas de representação anteriores à imigração bem como a lógica de cada sociedade local e seu sistema interétnico. Nesse contexto, o recurso aos estereótipos, seja pelos próprios migrantes, seja pela sociedade local, era comum e apontado por muitos autores (Ribeiro, 1998; Machado, 2006; Torresan, 2004; Sasaki, 1999; Oliveira, 1999). Se esses aspectos eram recorrentes, cada situação de migração colocava especificidades para a construção de uma identidade brasileira.

Em relação aos brasileiros nos Estados Unidos, Ribeiro (1998 e 1999) aponta como as identidades regionais ficavam subsumidas à nacional. Em seu estudo sobre goianos em São Francisco, a identidade brasileira era definida por símbolos como a feijoada, o futebol, o samba e o Carnaval, tornada visível em vários cenários, como restaurantes, imprensa local e o festival multicultural Carnaval Parade, para diferenciá-los dos hispânicos. De forma estereotipada, surgia uma identificação entre o Brasil e a tropicalidade, "essencializado como sensualidade, energia exuberante, quente e muitas vezes debochada" (Ribeiro, 1999:74). Seguindo essa lógica, brasileiros eram contrastados aos americanos como povo quente diante de um outro frio, principalmente em relação à distância e rigidez nas regras de interação. Embora em contextos específicos essa oposição pudesse ser invertida, como a maior "humanidade" dos americanos nas relações de trabalho, essas imagens estereotipadas eram apresentadas pelos próprios brasileiros como modo de construir sua posição no sistema interétnico local (Ribeiro, 1998).

Na Espanha, Cavalcanti (2005) mostra como a recente imigração brasileira, ainda pequena numericamente e localizada basicamente em Madri e Barcelona, é pouco visível para os espanhóis, quando comparada a outros latino-americanos (ver também Rial, 2005). Além disso, a diversidade de traços físicos desses brasileiros leva à sua confusão com outros imigrantes, como no caso de brasileiros negros que são confundidos com africanos ou árabes, ou mesmo com outros europeus, mas dificilmente produz um reconhecimento como brasileiro. Com isso, os imigrantes brasileiros estariam no topo de uma "hierarquia de alteridades", segundo Cavalcanti, acima de marroquinos e equatorianos. Os estereótipos sobre os brasileiros encontrados na Espanha são, como em outros lugares, baseados nos símbolos samba, Carnaval, futebol e nas imagens de um povo festivo, simpático e de sensualidade exacerbada. Se para alguns brasileiros essas representações aprisionam por não deixar espaço para a diferença, para outros elas são responsáveis pelo bom tratamento que recebem e que os coloca em uma situação privilegiada em relação aos outros imigrantes.

Em Portugal, o encontro entre migrantes brasileiros e portugueses igualmente se pauta em termos estereotipados (Machado, 2006; Torresan, 2004). A singularidade dessa situação está nas expectativas criadas pela noção de lusofonia — um sentimento de fraternidade entre os que falam o português — presente nos migrantes brasileiros ao chegarem a Portugal. Se, como Machado (2006) discute, os brasileiros conseguem um lugar especial na "hierarquia das alteridades", com nacionalidade reconhecida em contraste com a categoria dos "africanos", que engloba as diversas origens desses imigrantes, ainda assim ocupam uma posição subalterna. Para a sociedade portuguesa, em particular nos discursos oficiais, ocorre uma exotização e essencialização dos brasileiros pela elaboração de uma categoria única de identidade, pautada no tipo racial "mulato" e na sexualidade, obscurecendo os vários eixos de diversidade interna, como classe, gênero, raça, origem regional e religião. Assim, no estudo de Machado (2006:127) feito na cidade do Porto, brasileiros mulatos conseguiam empregos mais facilmente do que os brancos, como músicos, dançarinos, atendentes ao público, em função de sua imagem como "feliz animador de uma eterna platéia portuguesa". Por sua vez, essa brasilidade estereotipada tornava-se significativa para esses migrantes, como motor de suas identidades.

Para os brasileiros de camadas médias em Lisboa, estudados por Torresan (2004), as expectativas iniciais de uma fácil inserção social, dadas as conexões entre Brasil e Portugal, cediam lugar a uma maior percepção de diferença entre eles e portugueses, pautada principalmente em ideias de superioridade cultural e moral de um em relação ao outro. Com isso, imagens estereotipadas em torno da identidade nacional eram acionadas tanto no espaço do trabalho, como discuti anteriormente, quanto na esfera das relações de amizade, de forma a contrastar com noções igualmente estereotipadas dos portugueses. A ideia de uma espontaneidade afetiva seria característica dos brasileiros, mais "criativos" e "maleáveis", contrastando com a contenção dos portugueses, que os tornava "formais e rígidos" no trabalho e "frios" nas relações pessoais. As poucas relações de amizade estabelecidas entre brasileiros e portugueses eram explicadas por uma narrativa de excepcionalidade.

A expectativa inicial de semelhança cultural também aparecia entre os brasileiros que migram para o Japão, em sua maioria, descendentes de japoneses que vieram para o Brasil ao longo do século XX. Como Sasaki (1999) e Oliveira (1999) mostram, a frustração acontecia para brasileiros e japoneses. Para estes últimos, a semelhança física dos *nikkeis* brasileiros deveria vir acompanhada de uma proximidade cultural, de modo que se esperava deles um comportamento de acordo com os códigos morais e sociais japoneses.[4] Surgiam assim mal-entendidos, tensões e conflitos, a ponto de Sasaki (1999:269) ter relatos de que os brasileiros não descendentes eram mais bem tratados do que os descendentes. Para os *nikkeis* brasileiros, ao contrário de outros brasileiros migrantes, a ida para o Japão era permeada pelo "mito do retorno" à terra de seus ancestrais. Como Oliveira (1999) analisa, antes da migração, os traços físicos "japoneses" tornavam suas identidades brasileiras problemáticas, mesmo depois de três ou quatro gerações e de compartilharem um universo cultural basicamente brasileiro. Assim, era com muita surpresa que "japoneses" no Brasil se percebiam como "brasileiros" no Japão. Apesar da semelhança física com os japoneses, os *nikkeis* brasileiros apontavam as muitas diferenças entre os corpos de um e de outro — desde suas formas aos modos de andar e gesticular. Hábitos de higiene, alimentação, vestuário tornavam-se marcas de

---

[4] Essa expectativa estendia-se a qualquer descendente japonês e temos, na etnografia de Kondo (1990), um relato impactante de seus efeitos.

pertencimento à identidade nacional, reforçada também pelos símbolos do samba e do Carnaval e pela imagem do "calor humano" brasileiro.

Este breve recorte da literatura permite ver as particularidades e as recorrências da construção de identidade nacional na experiência de migração brasileira em países distintos. Os aspectos específicos decorrem das características tanto dos migrantes quanto da sociedade local. Em relação ao migrante, a origem de classe social, bem como de grupo racial ou étnico — principalmente seus traços fenotípicos — interferem no tipo de inserção social que o migrante estabelece, e com isso o modo de acionar as imagens de brasilidade. Os códigos e valores culturais locais podem ser vistos como mais ou menos contrastantes, implicando, portanto, a maior ou menor diferenciação com uma identidade brasileira. A configuração e a dinâmica do sistema interétnico de cada país também reservam aos brasileiros lugares variados, com maior ou menor visibilidade, maior ou menor status social, além de contrastes diversos que produzem imagens específicas.

Por outro lado, há recorrências na forma de elaboração de uma identidade brasileira no exterior. Como já apontei, a reafirmação dessa identidade nacional se dá por contraste às imagens locais, tanto da nacionalidade local quanto de outros grupos de migrantes. Nesse processo, a diversidade social e cultural interna ao Brasil desaparece na criação de uma imagem única de brasileiro, de modo estereotipado. Esses estereótipos são manifestados tanto pelos locais quanto pelos próprios migrantes brasileiros. O conteúdo dessas imagens estereotipadas assenta-se sobre temas relativamente constantes, como pudemos ver, em países distintos como Estados Unidos, Portugal e Japão, e que se articulam com um imaginário já existente em algumas narrativas brasileiras sobre a identidade nacional, como discutirei no capítulo 2.

Na comparação desse material com meus dados sobre as pessoas que fizeram seus doutorados no exterior, há distinções, principalmente em termos da inserção social na sociedade local, mas também semelhanças, particularmente no processo de construção de identidade nacional. Assim, dialogarei com essa literatura sobre migrantes brasileiros ao longo deste livro, de modo a realçar as questões surgidas a partir da experiência de estudar fora do Brasil.

Os contornos do estudo

Minha pesquisa se baseou em entrevistas com seis homens e seis mulheres que hoje são professores universitários no Rio de Janeiro, com idades entre 40 e 55 anos na época do estudo. Fizeram seu doutorado, em sua maioria integralmente (apenas uma pessoa teve bolsa sanduíche por um ano), sendo 10 deles na área de humanas (filosofia, antropologia, sociologia, relações internacionais, história) e dois em ciências exatas (matemática, física). Todos obtiveram financiamento do governo brasileiro com bolsas do CNPq ou da Capes entre 1985-95, período de maior fluxo de estudantes de doutorado no exterior.

Os entrevistados estudaram nos seguintes países: quatro nos Estados Unidos, quatro na Inglaterra, dois na França e dois na Bélgica (um destes teve problemas com o orientador e terminou o doutorado na França). Embora haja estudantes que fazem doutorado em destinos na Oceania, no Oriente Médio e na América Latina, dados do CNPq mostram que os quatro países mais procurados, no período estudado, foram, em ordem decrescente, Estados Unidos, Grã-Bretanha, França e Alemanha (a Bélgica está em 7º lugar).[5] Portanto, a maioria das pessoas entrevistadas realizou seus doutorados nos países mais buscados pelos estudantes brasileiros.

Na época do doutorado, a maioria das pessoas tinha entre 25 e 30 anos quando viajou,[6] tendo a mais velha 38 anos ao sair do país. Vinham, em grande parte, de famílias de camadas médias, com pais e mães formados em universidade e com pós-graduação, em alguns casos. Embora todos residissem no Rio de Janeiro em bairros de camadas médias — 11 na Zona Sul e um na Tijuca, uma entrevistada veio nova com a família do Rio Grande do Sul, e outra se mudou de Pernambuco após cursar a graduação. Havia também pessoas cujas famílias tinham origem estrangeira — alemã, russa, americana, espanhola e portuguesa —, dado que contribuiu para percepções específicas do que seria uma "aparência" brasileira, a ser discutida no capítulo 3.

---

[5] Dados obtidos junto ao CNPq. Para o período de 1996 até o presente, os dados, que estão disponíveis nos sites do CNPq <www.cnpq.br> e da Capes <www.capes.gov.br>, mantêm essa distribuição de bolsas de doutorado por país de destino.

[6] Segundo os dados do CNPq, no período entre 1985-95 a média de idade dos estudantes brasileiros no início de seus doutorados no exterior era de 31 anos.

Do conjunto dos entrevistados, oito foram para o exterior com seus cônjuges — todos brasileiros também —, sendo três deles com filhos, e uma mulher que era separada viajou com seus filhos. Dos cônjuges, quatro deles também foram fazer seus doutorados. Nesse período, um deles teve um filho e outra se casou com um brasileiro. Entre essas pessoas, metade nunca havia estado fora do Brasil enquanto os outros já tinham viajado para o exterior por pouco tempo, sendo que duas delas tinham a experiência de quando adolescentes terem vivido por cerca de um ano na América Latina e em Israel. A maioria dessas viagens anteriores foi com a família ou por ela planejadas.

Do grupo entrevistado, cinco já retornaram ao exterior para fazer pós-doutorado, sendo que três deles para países distintos do lugar onde fizeram seus doutorados. Foram estadias de um ano de duração nas quais estiveram inseridos em uma instituição como pesquisadores. De modo geral, foram experiências pouco comentadas nas entrevistas. Assim, a vivência do doutorado no exterior foi marcante e distinta das viagens anteriores e posteriores.

Quase todos escolheram fazer doutorado em instituições localizadas nas capitais — Londres e Paris — ou em grandes cidades metrópoles dos Estados Unidos — Boston e Nova York. Apenas duas pessoas, que estudaram na Bélgica, residiram em cidades pequenas, que entretanto eram centros universitários e agregavam estilos de vida cosmopolita com estudantes vindos de vários países. Embora as motivações para o doutorado no exterior girassem em torno de razões acadêmicas e profissionais, como discutirei no capítulo 3, a opção pelas grandes cidades refletia um olhar cosmopolita associado a uma identidade carioca que a maioria apresentava antes de partir.

O contato com esses professores universitários partiu do meu círculo pessoal — amigos e colegas que, por sua vez, me indicaram outros amigos que fizeram doutorado. Identifico alguns fatores que marcaram essa relação e as entrevistas feitas. Primeiro, o fato de que, como eles, eu também havia feito meu doutorado fora, na Inglaterra, no mesmo período. Ou seja, estava implícito — e às vezes até mesmo explícito — que eu tinha experiências semelhantes como mulher brasileira que estudou no exterior. Além disso, como eu conhecia bem algumas dessas pessoas, o relato de suas experiências enfatizou as dificuldades e as emoções sentidas, de um modo possivelmente distinto se eu não as conhecesse tanto nem tivesse vivido fora. Tanto assim que os depoimentos em que os problemas pouco apareceram foram os daquelas pessoas que me haviam sido indicadas por outras, cujo contato era, portanto, superficial.

Sendo pessoas do meu círculo de amigos e conhecidos, eram em sua maioria professores da área de humanas, o que influenciou em muitos momentos a forma como falaram da vida no exterior. Como discutirei no capítulo 4, seus relatos entremeavam os detalhes e sensações pessoais com afirmações teóricas sobre a construção de identidade, principalmente. Busquei entrevistar duas pessoas da área de exatas como contraponto, mas o teor dos depoimentos foi semelhante, estando ausentes basicamente as pontuações teóricas sobre identidade. Embora todos tenham falado um pouco do retorno e do saldo geral da experiência sobre suas carreiras e visões intelectuais, não analisarei aqui o impacto do doutorado no exterior sobre suas trajetórias acadêmicas.

Há por fim uma última especificidade a ressaltar nesses dados: são todos relatos retrospectivos. Embora todos tenham discorrido com facilidade sobre suas experiências, é preciso enfatizar a ação seletiva da memória que reconstrói de acordo com o momento vivido no presente a lembrança de acontecimentos passados. Assim, como estão atualmente inseridas em universidades, as pessoas dedicaram muito de seus depoimentos à vivência acadêmica em uma instituição estrangeira, mais do que sobre outros aspectos do cotidiano fora. Além disso, como Halbwachs (1990) afirmou em seu estudo clássico, a memória individual está também atrelada ao grupo — tanto em termos das várias inserções sociais da pessoa ao longo da vida quanto em termos da memória coletiva desses grupos. Nesse sentido, o modo de discutir a identidade brasileira, mesmo que a partir de uma experiência até certo ponto singular e já passada, se aproxima dos dados de outros estudos sobre brasileiros no exterior. Fatos marcantes que aconteceram no Brasil naquele período, como a eleição de Fernando Collor para presidente em 1989 e as chacinas ocorridas no Rio de Janeiro em 1992, apareceram em muitos relatos e pontuaram as elaborações e sentimentos em torno dessa identidade.

Usarei também, em alguns momentos e de forma complementar, os dados sobre minha pesquisa, já citada, com jovens que fizeram intercâmbio escolar no exterior durante um ano. Em comum com os professores estudados, eles são pessoas das camadas médias que têm no estudo um valor central para sua formação não apenas profissional, mas também pessoal. A motivação principal do intercâmbio era o desejo de viver em outra sociedade como forma de enriquecimento pessoal. Todos residiram com famílias locais e sua inserção nas escolas tinha como objetivo primordial a vivência de uma outra cultura, mais do que o aprendizado de conhecimentos específicos.

De modo geral, o objetivo da pesquisa foi analisar a experiência de construir relações de amizade durante o intercâmbio, eixo principal dos roteiros de entrevistas. Solicitando uma reflexão sobre as diferenças entre as formas locais e brasileiras de fazer amizade, o discurso produzido pelos jovens traz uma discussão explícita sobre essas diferenças, muitas delas colocadas de forma estereotipada, articulando, portanto, as vivências particulares com as percepções sobre identidade nacional, justificando assim a inclusão dessa análise em alguns momentos do livro.

No próximo capítulo reflito sobre a construção da imagem do brasileiro emotivo em três obras clássicas do pensamento social brasileiro, buscando apontar nessas narrativas os elementos que formam um imaginário com o qual os entrevistados dialogavam e que serão discutidos nos capítulos seguintes. No capítulo 3, examino tanto a experiência de ser um estrangeiro em geral, recorrendo a estudos clássicos de Simmel e Schultz, quanto a de ser brasileiro em especial — identificado por um corpo e uma "aparência" particulares. No capítulo 4, analiso em maior profundidade os significados da identidade brasileira para as pessoas estudadas, desenvolvendo a partir disso o sentido de pertencimento e de comunidade derivado dessas elaborações. No capítulo 5, abordo as relações de amizade feitas na sociedade local — tema que articula emblematicamente a construção de uma identidade brasileira calcada na emotividade com a vivência da condição de estrangeiro. As emoções expressas nos relatos, outro foco de análise desse capítulo, revelam aspectos e tensões desse processo de elaboração de uma identidade brasileira. Por fim, no capítulo 6, procuro articular as questões teóricas discutidas ao longo do livro, em particular a importância dos estereótipos na construção de uma identidade nacional que se revela cheia de ambiguidades.

2

As narrativas sobre o "brasileiro emotivo"

A sociedade brasileira é, para muitos pensadores brasileiros, considerada ocidental, marcada por valores e formas de pensar enraizados em tradições de pensamento de origens grega, judaica e cristã. O que se pondera é nosso grau de inserção na modernidade, o que leva muitos a classificar o Brasil como país de Terceiro Mundo ou então como uma sociedade atravessada pela tensão entre ideologias holistas, hierárquicas e tradicionais; e individualizantes, igualitárias e modernas (ver os trabalhos seminais de DaMatta, 1978; e Velho, 1981). Mesmo quando se propõe que somos, como parte da América Ibérica, um "outro" Ocidente, como faz Lippi Oliveira, busca-se entender as formas específicas que o Ocidente assume nessa matriz ibérica que recusa "o utilitarismo individualista" (Lippi Oliveira, 2000:48). Mas nessa reflexão não parece entrar em questão nossa condição de ocidentais.

Entretanto, essa representação não é compartilhada por muitos pensadores norte-americanos e europeus. Por exemplo, Lutz e Collins (1993) analisam a construção de imagens de países não ocidentais pela revista americana *National Geographic*. Entre eles, está o Brasil, retratado com frequência como próximo aos Estados Unidos por sua vastidão, riqueza de recursos e vivência de imigração, mas diferenciado na imaginação popular da seguinte forma: "seu presente é nosso passado" (ibid, p. 125).[7] Se as autoras elaboram uma análise crítica da representação dessas sociedades como "outras" em geral inferiores, elas não problematizam a própria categoria da qual elas partem: não Ocidente (e seu correlato, Ocidente). Ou seja, seu exercício crítico é parcial, pois não questiona a divisão do mundo em Ocidente e não Ocidente, categorias culturais que não são meramente geográficas, mas principalmente históricas, culturais e políticas (Said, 1979). E nessa forma de pensar, o Brasil é sem dúvida não ocidental, imputação que reflete sua posição em um jogo de relações de poder não só entre Estados-nações, mas também entre formas de saber.

Esse contraste de representações não é fato no presente apenas, mas viria desde o período colonial e seria como Anderson (1991) sugere um traço de toda a América Latina. Os funcionários administrativos das colônias já nascidos nas Américas pensavam-se como indistintos dos europeus por compartilharem com eles língua, religião, ancestralidade e costumes. Para os europeus, esses "criolos" ficavam marcados pela inferioridade por terem nascido em terras selvagens, imputação esta que demonstrava já no século XVI a preocupação com a contaminação biológica que viria a se cristalizar com o racismo científico do século XIX (ibid, p. 58).

Como entender esse choque de representações? As teorias pós-coloniais analisam, por exemplo, os discursos acadêmicos produzidos nas ex-colônias como vozes que contestam e reconstroem não apenas a sociogeografia mundial, mas também todo um saber indissociado de relações de poder (Appiah, 1997; Bhabha, 1998; Gandhi, 1998). Haveria assim um movimento de revisitar e interrogar o passado colonial e a produção das identidades políticas e culturais dos sujeitos colonizados. Um dos aspectos dessas identidades seria a relação ambígua com o poder colonial, visto ao mesmo tempo como repressor e sedutor. Comentando um romance indiano, onde alguns dos personagens buscam uma Europa inatingível, Gandhi (1998:12) coloca que "sua busca de plenitude europeia, seu desejo de possuir o mundo do colonizador, exige simultaneamente a negação do mundo que foi colonizado".[8] Por outro lado, os termos desse embate cultural não

---

[7] Minha tradução do original: "their present is our past".

[8] Minha tradução do original: "their questing pursuit of European plenitude, their desire to own the coloniser's world, requires a simultaneous disowning of the world that has been colonised".

são dados mas sim "produzidos performativamente", como afirma Bhabha (1998:20), por meio de negociações complexas — tanto consensuais quanto conflituosas — sobre o que constitui a diferença cultural.

Poderíamos então compreender os discursos de pensadores brasileiros nos termos da crítica pós-colonial? Sabemos que boa parte dela foi produzida por autores indianos e africanos, cuja história de colonização é distinta em muitos aspectos da dos brasileiros. Por exemplo, enquanto a Índia já possuía culturas milenares que foram a partir do século XVII subjugadas pelo Império Britânico, o Brasil se constitui social e culturalmente a partir da colonização portuguesa. Daí nossa autorrepresentação como ocidentais, questão que não se coloca para os pensadores indianos. Assim, proponho abordar alguns exemplos de narrativas do campo denominado "pensamento social brasileiro", tradicionalmente voltado para pensar o Brasil como nação, a partir de elementos da perspectiva pós-colonialista.

Embora não seja meu objetivo tomar o pensamento social brasileiro como objeto de estudo, gostaria aqui de destacar alguns traços que constituem esse campo para contextualizar minha análise de três narrativas sobre a identidade nacional. De maneira geral, encontramos nesse campo um processo de construção da nação brasileira, uma oscilação entre uma "posição mimética" em relação às culturas metropolitanas e a busca de uma autenticidade fundada em valores locais (Veloso e Madeira, 1999). Nos momentos fundantes da nação — declaração de Independência e Proclamação da República, a busca por uma identidade brasileira girou em torno da questão de ser civilizado ou não (Rodrigues, 1983; Romero, 1949), tomando a mestiçagem racial como problema para a civilização. Nas primeiras décadas do século XX, essa ainda era uma questão sensível, mas ganhou outros contornos — o foco passou a ser a mistura de culturas e não mais raças, a autenticidade e não mais a imitação (Freyre, 1981 [1933]; Holanda, 1982). Mesmo quando, nos anos 1940 e 1950, a preocupação com uma identidade nacional específica do Brasil enfraquece, manteve-se a atenção em torno da compreensão dos problemas e questões que dificultavam o "desenvolvimento" do país (Fernandes, 1965; Ianni, 1972). Ou seja, se já existia uma identidade própria, digamos assim, a referência continuava sendo os chamados países desenvolvidos da Europa e os Estados Unidos. Se a tentativa de pensar o país em seus próprios termos, enfatizando sua dimensão de ex-colônia, buscando sua "cultura popular", vai se reforçar nas décadas de 1950 e 1960 com o movimento folclorista (Vilhena, 1997), o Iseb e o Centro Popular de Cultura (Ortiz, 1994), o pensamento social brasileiro sofre com a repressão nos anos de ditadura. A partir da década de 1980, as ciências sociais passam a investigar questões específicas e mais localizadas e o próprio campo do pensamento social brasileiro tende a se deter mais nos estudos anteriores aos anos 1970.

Neste capítulo, me deterei especificamente na construção de uma narrativa particular de identidade nacional — a visão da emotividade como traço típico dos brasileiros, explorada especialmente nos trabalhos de pensadores da década de 1930. Para tal, escolhi três textos clássicos dessa época: *Retrato do Brasil* (1929), de Paulo Prado, *Casa-grande & senzala* (1981 [1933]), de Gilberto Freyre, e *Raízes do Brasil* (1982 [1936]), de Sérgio Buarque de Holanda. Partindo de uma abordagem antropológica que analisa as representações e valores como elementos de certo modo de pensar, examino a ideia encontrada em todas as três obras de que, em função de um fundo emotivo muito presente, os brasileiros tenderiam a agir seguindo seus afetos, o que teria consequências positivas e negativas.

Meu foco no elemento da emoção não decorre apenas da sua centralidade nessa elaboração de identidade brasileira, como apresentarei a seguir. Deve-se também a uma postura teórica preocupada com a construção cultural da subjetividade, da qual as emoções fazem parte não como realidades psicobiológicas, mas como construções culturais. Mais ainda, focalizar os discursos sobre as emoções torna-se significativo não apenas como meio de ter acesso à subjetividade, mas também pelos efeitos que produzem nos contextos em que são pronunciados (Abu-Lughod e Lutz, 1990). Ou seja, privilegia-se a dimensão pragmática dos discursos emotivos, que constroem experiências e reverberam nos aspectos mais variados da vida social. Assim, falar sobre as emoções bem como caracterizar alguém — ou uma sociedade — de emotivo têm consequências para um conjunto de relações mais amplas, perpassadas sempre por negociações de poder.

É importante destacar também que a imagem do brasileiro emotivo foi elaborada em diálogo com discursos ocidentais modernos sobre a emoção. Na etnopsicologia euro-americana, como argumenta Lutz (1988), a emoção surge como uma característica interna às pessoas, sendo vista como subjetiva no sentido de uma perspectiva individual sobre o mundo. Como tal, a emoção se opõe à razão, assim como o sentimento ao pensamento, e está consequentemente associada ao corpo, que seria mais natural se comparado à mente. Completa-se essa cadeia de ideias com a visão de que as mulheres estão conectadas à emoção, enquanto os homens à razão.

As emoções são na maioria das vezes relacionadas à irracionalidade, ao caos, à vulnerabilidade, à falta de controle, que tendem a ser qualificados negativamente. Essa concepção é subjacente à visão iluminista de civilização como progresso pautado na razão, que requer um controle estreito e contínuo das emoções (Elias, 1993).[9] Contudo, a emoção pode ser valorizada quando aproximada das noções de força vital e de envolvimento e oposta à alienação e ao distanciamento. Esse é o sentido presente no romantismo, que preconizava a expressão dos sentimentos como forma de sensibilidade que seria parte do processo de conhecimento de si (Duarte, 1999). Ambas as correntes de ideias estão presentes nas sociedades ocidentais modernas e produzem uma ambiguidade no modo de pensar e lidar com as emoções. Lutz (1998:56) sintetiza essa tensão ao dizer que ela "é ao mesmo tempo uma categoria residual de um processo pessoal quase defeituoso, e também o assento do *self* verdadeiro e glorificado".[10] Dos valores atribuídos às emoções decorrem qualificações a pessoas e grupos — como as mulheres, as minorias étnicas e as classes trabalhadoras — que, sendo mais emotivos, oscilam entre serem inferiores — porque menos racionais — ou privilegiados — porque mais verdadeiros.

Narrando a nação

As três obras escolhidas foram escritas entre as décadas de 1920 e 1930, período em que a discussão sobre uma identidade nacional especificamente brasileira fervilhava nos meios intelectuais e artísticos. A Semana

---

[9] Elias explica a necessidade de controlar as emoções como resultante da interdependência dos indivíduos e a consequente necessidade de planejar e antever ações e reações.
[10] Minha tradução do original: "emotion is, at one time, a residual category of almost-defective personal process; at others, the seat of the true and glorified self".

de Arte Moderna de São Paulo, em 1922, já havia se tornado um manifesto nas artes em busca de uma estética que rompesse com os cânones europeus. No cenário político, a República Velha encontrava críticos, como Alberto Torres, que acusavam a legislação, modelada na Constituição norte-americana, de não ajustar-se à sociedade brasileira. Além disso, revelava-se a fragilidade da unidade nacional com várias revoltas regionais.

Nesse contexto, os debates em torno da construção de uma identidade nacional voltavam-se para a exaltação de características que seriam "autenticamente" brasileiras. Assim, encontramos nas três narrativas a valorização da mestiçagem entre portugueses, africanos e indígenas, o que já demarcava um afastamento de visões anteriores afinadas com as teses do racismo científico segundo as quais o cruzamento entre as raças produziria seres inferiores (Seyferth, 1989). O foco na variável raça, até então utilizado como fator explicativo da sociedade brasileira, seria deslocado para a noção de cultura, de modo que os três autores priorizam, ao falar da miscigenação, valores, costumes e disposições dos portugueses, africanos e indígenas, em detrimento de aspectos fisiológicos dos três grupos.

Mas a ideia de cultura utilizada tinha suas especificidades, não apenas em termos do próprio conceito antropológico da época como também do contexto particular de construção de uma identidade nacional. Em todos os três textos, presume-se uma homogeneidade cultural entre os membros de uma dada sociedade ou grupo, de forma que é possível falar em "caráter nacional", bem como em um tipo genérico como "o brasileiro", "o português" etc.[11] Tal pressuposto, por sua vez, tem dois correlatos: remete à ideia de uma essencialidade cultural que produz uma visão estática da cultura. Pode-se falar em uma homogeneidade cultural porque cada membro do grupo compartilharia um conjunto de elementos culturais autênticos, fixos e praticamente imutáveis (Woodward, 2000). Assim, teríamos em comum nas três obras, por exemplo, as ideias de que "o português" tem a característica de plasticidade social e "o brasileiro" é movido pela emoção, ilustrando o que seria o "caráter nacional" de cada

---

[11] Na crítica antropológica dos anos 1980, um dos elementos da escrita etnográfica mais rechaçado foi justamente essa generalização e tipificação que anulam a individualidade, a heterogeneidade e, consequentemente, a possibilidade de conflito e mudança (Abu-Lughod, 1993; Caldeira, 1988).

um. Utiliza-se igualmente o tempo verbal no presente, uma vez que tais descrições não se alterariam com o tempo.

A própria coesão dessas imagens sobre a sociedade e a cultura brasileira é reforçada pela comparação constante com outras sociedades, cujas culturas seriam do mesmo modo essencializadas. Nas três narrativas, o foco preferencial recai sobre os Estados Unidos, por alguns motivos. Sendo igualmente um país com vasto território, teve também uma colonização que data do mesmo período que a brasileira. Contudo, o fator que o torna particularmente atraente para comparações é a diferença nas formas de colonização anglo-saxã e portuguesa. Assim, variando os elementos discutidos bem como os sinais positivos e negativos atribuídos a cada um, a discussão sobre o que é o Brasil surge atrelada às percepções sobre o que são os Estados Unidos.

Outro traço comum às obras escolhidas é o recurso ao que seria o passado, a história da nação como forma de compreensão da cultura no presente. Nos três livros, começamos com a chegada dos portugueses ao Brasil — a descoberta[12] — como marco fundamental para entender a formação da sociedade brasileira. Todos discutem a mestiçagem como decorrência de uma determinada forma de contato entre grupos culturais. Embora Gilberto Freyre em *Casa-grande & senzala* se detenha no período colonial enquanto os demais chegam ao início do século XX, tanto a colonização portuguesa quanto a mestiçagem tornam-se traços significativos do passado para a definição do que é "o brasileiro".

Por fim, todos estão comprometidos com um projeto de pensar a nação brasileira, expondo de formas mais ou menos explícitas suas opiniões sobre o país, apontando para qualidades e problemas a serem resolvidos. Por trás dessas posturas distintas — a exaltação de Gilberto Freyre contrastando com o pessimismo de Paulo Prado e Sérgio Buarque de Holanda — está uma preocupação em situar o Brasil em relação a outras sociedades, em particular com as nações modernas. Encontramos nos três textos uma visão quase evolucionista, que toma um modelo único de modernidade — o europeu — como fim a ser alcançado pelo Brasil. Se essa preocupação demonstra até certo ponto o caráter relacional inerente ao processo de construir identidades em geral, reflete também a posição

---

[12] Ver DaMatta (1993) sobre as conotações de passividade em torno do termo "descoberta", em contraste com a ideia de "fundação" por exemplo.

específica do país como ex-colônia que almeja o mundo do colonizador (Gandhi, 1998). Como veremos a seguir, essa é a questão subjacente à visão do brasileiro emotivo.

Histórias das paixões

Em *Retrato do Brasil* (1929), Paulo Prado constrói um "quadro impressionista" do país, para usar suas palavras, focalizando a compreensão do que chama a "psique nacional".[13] Para tal, analisa sua formação por meio de um prisma psicológico, baseando-se muito nos relatos de viajantes brasileiros e estrangeiros. Ao rever os vários momentos da colonização — da "descoberta" à ocupação pelos bandeirantes —, bem como as mudanças ocorridas com a Independência e a Proclamação da República, Prado enfatiza sempre as forças emotivas que marcaram esses períodos, deixando em segundo plano aspectos da organização social, econômica e política. Busca "no fundo misterioso das forças conscientes ou instintivas as influências que dominaram os indivíduos e a coletividade" (ibid, p. 183). Nomeia seus capítulos, portanto, com títulos como "a luxúria", "a cobiça", "a tristeza", sentimentos que caracterizariam essa "psique nacional" e explicariam o estado da sociedade brasileira na época em que escrevia.

Já no início, conforme Prado, veríamos nos portugueses essa forte verve emotiva. Logo na primeira página do livro lemos que a "descoberta" do Brasil aconteceu movida por dois "impulsos" cruciais: "a ambição do ouro e a sensualidade livre e infrene" (ibid, p. 9). Se a própria colonização do Brasil pelos portugueses foi motivada pela ambição e pela sensualidade, essas disposições emotivas ganhariam uma nova força com "a sedução dos trópicos", tanto em virtude da natureza do país quanto do encontro com a população indígena — "animal lascivo" nas palavras de Prado (ibid, p. 33):

> *Para homens que vinham da Europa policiada, o ardor dos temperamentos, a amoralidade dos costumes, a ausência do pudor civilizado — e toda a contínua tumescência voluptuosa da natureza virgem — era um convite à vida solta e infrene em que tudo era permitido.*

---

[13] Nas citações dos textos analisados, apresento a grafia dos termos em sua forma atual.

A marca dos trópicos era então temperamentos exacerbados e ausência de controle — de pudor e de costumes morais — em contraste com o "policiamento" europeu, levando assim a uma vida desregrada, à "luxúria".

Se esse traço é apresentado de forma negativa, há uma importante consequência positiva na visão de Prado: é pela vida emotiva "infrene" que "todos proliferam largamente, como que indicando a solução para o problema da colonização e formação da raça no novo país" (ibid, p. 51). A miscigenação dos portugueses com índios e depois negros não apenas resolve o problema de ter um contingente humano para ocupar o território como também cria um "produto humano fisicamente selecionado" (ibid) que se adapta bem à vida colonial nos trópicos. Prado valoriza o mestiço brasileiro não apenas pela sua adaptabilidade como também pelos exemplos de inteligência, cultura e valor moral existentes no país, já em consonância com a tendência da época de valorização da mestiçagem no Brasil. Mas, fazendo uma ressalva que lembra as teses do racismo científico, indaga se o cruzamento racial não teria provocado entre os mestiços uma certa "fraqueza física", com pouca defesa para "a doença e os vícios" (ibid, p. 192-193).

No entanto, a "vida solta" dos colonos acarreta mais problemas do que soluções. Os temperamentos ardorosos e a falta de controle produz um "individualismo infrene, anárquico pela 'volatilização dos instintos sociais', cada qual tendo no peito a mais formidável ambição que nenhuma lei ou nenhum homem limitava" (Prado, 1929:59). Se os bandeirantes, por seu papel de integração do território, foram um exemplo positivo do que esse individualismo pode gerar, "faltavam-lhe os estimulantes afetivos de ordem moral e os de atividade mental" (ibid, p. 105) que transformassem a riqueza conquistada em prosperidade duradoura. Viviam movidos fundamentalmente pela "cobiça".

Nessa argumentação, o contraste com a colonização americana é explícito e ilumina as consequências desse individualismo anárquico. Nos Estados Unidos, os colonos se submetiam à "rigidez da lei puritana" e essa forte disciplina religiosa promovia uma "poderosa unidade de espírito social", "um rigoroso princípio cooperativo" (ibid, p. 112), responsáveis pela independência do país. A associação entre a presença marcante da religião puritana e um "instinto de colaboração coletiva" é enfatizada por Prado, que assinala a falta desses princípios de ordem moral entre os colonos portugueses. Nota-se que o catolicismo não é visto como religião que provê semelhante disciplina e rigidez, mesmo com sua condenação da cobiça e da luxúria.[14]

No Brasil, a "ausência de sentimentos afetivos de ordem superior" (ibid, p. 123) criou uma "raça triste", apática, submissa e individualista. O "caráter social" foi dissolvido pela amoralidade do sistema escravocrata, a administração pública foi em geral falha e a unidade do território — fruto da iniciativa privada das bandeiras — manteve-se graças à apatia e não por um sentimento de pertencimento nacional. Em síntese, "a história do Brasil é o desenvolvimento desordenado dessas obsessões subjugando o espírito e o corpo de suas vítimas. (...) Desses excessos de vida sensual ficaram traços indeléveis no caráter brasileiro" (ibid, p. 121).

Prado elabora, então, um quadro sombrio de um povo "melancólico". Ao mesmo tempo em que faz um recorte analítico centrado nos "impulsos", "forças conscientes e inconscientes" e "afetos" que formaram a sociedade brasileira, cria também a imagem do brasileiro movido pelo excesso de emoções. Pode-se questionar até se não é essa imagem que o motiva a escolher esse recorte. Com tal abordagem, remete a uma visão das emoções como realidades naturais, existentes *a priori*, que condicionam as formas sociais, criando um determinismo psicológico por assim dizer. No caso brasileiro, esse determinismo parece ser ainda mais exacerbado, pois haveria uma falta de controle emotivo e, pior, uma perda — uma "volatilização", uma "dissolução" — dos "instintos sociais". Ainda assim, ao fazer a distinção entre sentimentos morais e amorais, de ordem superior ou inferior, Prado concede às emoções a possibilidade de um papel construtivo se forem aliadas à disciplina, ao rigor de um elemento social como a religião, caso dos Estados Unidos, onde teria havido um *instinto* de colaboração coletiva. No Brasil, pelo contrário, não teria havido esse balizamento social capaz de conter emoções em excesso, obsessões mesmo, levando portanto ao oposto — ao individualismo anárquico, responsável pela ausência de um espírito de cooperação coletiva e, consequentemente, por governos com administrações públicas falhas.

Casa-grande & senzala (1981) traz um tom positivo completamente oposto à obra de Paulo Prado. Para Gilberto Freyre, a emotividade

---

[14] Agradeço à Maria Claudia Coelho o comentário sobre essa visão do catolicismo.

do português e do brasileiro torna-se uma importante qualidade, vista a partir de uma perspectiva antropológica afinada com a escola culturalista de Boas. Ao contrário de Prado, Freyre privilegia a compreensão das características culturais da formação da sociedade brasileira colonial. Com o foco nas relações entre portugueses, indígenas e negros, analisa tanto seus aspectos socioeconômicos quanto sua dimensão cultural em termos de costumes e valores, com uma ênfase maior nestes últimos.

Como Paulo Prado, Freyre volta aos portugueses e suas características para começar sua análise da sociedade colonial. Há um traço fundamental português que seria responsável por elementos cruciais da sociedade em formação: a plasticidade. Sendo eles mesmos híbridos, os portugueses teriam uma "singular predisposição" para a colonização dos trópicos. Possuiriam as características de aclimatabilidade, mobilidade e miscibilidade, favorecendo tanto a adaptação física ao país de clima tropical quanto a povoação do vasto território. Pontuado por antagonismos de fundo emotivo, o português teria "um caráter todo de arrojos súbitos que entre um ímpeto e outro se compraz em certa indolência voluptuosa muito oriental, na saudade, no fado, no lausperene" (Freyre, 1981:7).

Destaco aqui o aspecto da miscibilidade dos portugueses, pedra de toque no argumento de Freyre, fator não apenas de povoação do país, mas de formação cultural da sociedade brasileira. Já sendo, nas palavras de Freyre, "um povo indefinido entre a Europa e a África" (ibid, p. 5), os portugueses teriam pouca "consciência de raça", deixando-se atrair por mulheres indígenas e, posteriormente, negras.[15] Não havia assim preocupação dos colonizadores com a pureza de raça, apenas com a fé católica. A "mistura de raças" foi não apenas física, mas cultural — nos costumes em geral. Ao longo do livro, Freyre aponta os elementos indígenas e negros que se mesclaram aos portugueses, desde modificações na dieta, vestuário, hábitos de higiene ao "amolecimento" da língua portuguesa.

Para Freyre, a "mistura de raças" junto com a agricultura latifundiária e a escravidão tornam-se os elementos fundadores da sociedade colonial, cuja unidade básica é a família patriarcal. Diz ele (ibid, p. 18-19):

---

[15] No texto de Freyre, como mostram Correa (1996) e Norvell (2002), a dimensão do gênero é sempre presente — são homens portugueses que são seduzidos pelas mulheres indígenas e negras.

a família, não o indivíduo, nem tampouco o Estado nem nenhuma compa-nhia de comércio, é desde o século XVI o grande fator colonizador no Brasil, a unidade produtiva, o capital que desbrava o solo, instala as fazendas, compra escravos, bois, ferramentas, a força social que se desdobra em política, consti-tuindo-se na aristocracia colonial mais poderosa da América.

Nesse trecho, Freyre destaca a importância dos vínculos familiares extensos, mostrando que o princípio de colaboração coletiva, para usar termos de Prado, não ultrapassaria os limites da família, gerando muitas vezes o "privatismo". A família patriarcal seria uma força política tão atu-ante que, na época da colonização, se sobreporia ao Estado. Até a religião católica se adaptaria ao poder da família, tornando-se muito mais um culto familiar do que de "catedral ou de igreja" (ibid, p. 22).

Dentro dessa família colonial, encontraríamos em escala menor "um processo de equilíbrio de antagonismos" (ibid, p. 53) que estaria presente em toda sociedade brasileira colonial. No centro desse processo, estaria a relação senhor-escravo, atrelada às oposições entre culturas europeia e africana, raças branca e negra. Freyre mostra com detalhes como a relação entre senhores — pai, mãe e filhos pequenos — e escravos — homens e mu-lheres — foi marcada pela violência, por práticas "sádicas" dos primeiros e por um "correspondente masoquismo" (ibid, p. 51) dos segundos. Ao mesmo tempo, havia tanto "voluptuosidade sexual" quanto "doçura" en-tre eles, de tal forma que, segundo as tradições, as mães-pretas ocupariam um verdadeiro lugar de honra no seio das famílias patriarcais (ibid, p. 352). Freyre resume, no espírito que marcou sua obra: "somos duas metades confraternizantes que se vêm mutuamente enriquecendo de valores e ex-periências diversas; quando nos complementarmos num todo, não será com o sacrifício de um elemento no outro" (ibid, p. 335). Ao contrário do caso anglo-americano, onde subsistem "duas metades inimigas", é esse equilíbrio que permite dar vazão a "toda nossa vida emotiva e [às] nossas necessidades sentimentais e até de inteligência", pois o privilégio de um lado apenas implicaria a expressão de "só metade de nós mesmos" (ibid).

Assim como Prado, Freyre constrói sua visão do Brasil colonial con-trastando-o com outras sociedades, em particular a norte-americana. No entanto, inverte os sinais, fazendo uma leitura positiva da colonização bra-sileira. Em particular, a verve emotiva do português que o torna plástico é responsável pela mistura não apenas racial, mas sobretudo cultural que seria a especificidade brasileira. Mesmo na família patriarcal brasileira, a intensidade de sentimentos — sempre presente, seja na relação ao mesmo tempo "violenta" e "doce" entre senhores e escravos, seja nas rivalidades entre famílias geradas pelo privatismo — não é tomada como traço problemático. Ao contrário, ao afirmar que a família — e não o indivíduo ou o Estado — torna-se a unidade social básica, Freyre está buscando mais uma compreensão do que seria a sociedade brasileira e menos uma avaliação do que ela deveria ser.

Em *Raízes do Brasil* (1982), voltamos a encontrar uma visão mais negativa da sociedade brasileira, compartilhando de algumas inquietações já manifestadas por Paulo Prado. Em seu estudo de cunho sociológico e histórico, Sérgio Buarque de Holanda vê a forte presença das "paixões" na formação do país. Tal elemento, junto a uma falta de "racionalização", seria responsável por muitos problemas que colocariam o Brasil em uma situação de desvantagem em relação a outros países.

Do mesmo modo que Prado e Freyre, Holanda inicia seu livro com os portugueses, atribuindo a eles também a característica de plasticidade social tanto em relação à adaptação ao meio ambiente quanto no contato com outros grupos, como os indígenas e negros. Entretanto, ao contrário de Freyre, que veria nessa interação a produção de uma cultura nova, híbrida, Holanda acredita que a influência portuguesa se sobrepôs às outras. "Podemos dizer que de lá [Portugal] nos veio a forma atual de nossa cultura; o resto foi matéria que se sujeitou mal ou bem a essa forma" (ibid, p. 11). Essa forma teria mudado pouco ao longo dos séculos, sofrendo uma mudança mais significativa com o declínio da economia agrária no século XIX. Ao escrever a conclusão, Holanda argumenta que mesmo na década de 1930, quando se percebe a criação gradual de um novo estilo na sociedade, o desafio está em levar a termo o "aniquilamento das raízes ibéricas de nossa cultura" (ibid, p. 127).

Quais as características portuguesas que Holanda toma como particularmente formativas da sociedade brasileira? Um dos traços mais decisivos é o que Holanda chama de "cultura da personalidade" — a importância atribuída "ao valor próprio da pessoa humana, à autonomia de cada um dos homens em relação aos semelhantes no tempo e no espaço" (ibid, p. 4). É devido a essa cultura que acordos coletivos duráveis seriam difíceis, produzindo uma frouxidão ou falta de coesão social. Laços de solidariedade formar-se-iam apenas quando houvesse "vinculação de sentimentos mais do que relações de interesse" (ibid, p. 10). Outro aspecto marcante enfatizado por Holanda é a presença de uma ética da aventura entre os portugueses, por meio da qual exploraram o país com "desleixo e certo abandono" e não com um "empreendimento metódico e racional" (ibid, p. 12). O aventureiro, em oposição ao tipo trabalhador empreendedor característico da colonização norte-americana, teria as qualidades de audácia, imprevidência, instabilidade, entre outras, e seu objetivo estaria na conquista de espaços ilimitados, de alcançar um fim sem se preocupar com os meios.

Essas características permitiram que os portugueses se adaptassem com facilidade à vida na colônia. Contribuiu para isso, conforme argumenta Holanda (1982:22), a "ausência completa, ou praticamente completa, de qualquer orgulho de raça", traço significativo da plasticidade portuguesa que levaria à mistura racial. Outra dimensão importante estava no "exíguo sentimento de distância" entre senhores e escravos, formando relações de proteção e solidariedade entre eles, dissolvendo qualquer "idéia de separação de castas ou raças" (ibid, p. 24). A "simpatia transigente" e universalista da Igreja Católica teria colaborado com essa tendência à proximidade social e física entre as classes e raças. Assim, em acordo com Freyre, Holanda vê na mestiçagem um elemento positivo por seu papel na fixação europeia nos trópicos.

Mas o culto da personalidade e a ética da aventura tiveram outra consequência, bastante problemática segundo Holanda: a falta de uma capacidade de associar-se de modo duradouro. As associações aconteciam motivadas por certas emoções coletivas, como no caso de tarefas relacionadas ao culto religioso, ou por sentimentos pessoais de amizade ou vizinhança. A importância desses vínculos pessoais e afetivos na cooperação entre os indivíduos seria assim um traço compreensível em uma sociedade personalista como a brasileira. Nas palavras de Holanda (ibid, p. 31),

> o peculiar da vida brasileira parece ter sido, por essa época, uma acentuação singularmente enérgica do afetivo, do irracional, do passional, e uma estagnação ou antes uma atrofia correspondente das qualidades ordenadoras, disciplinadoras, racionalizadoras. Quer dizer, exatamente o contrário do que parece convir a uma população em vias de organizar-se politicamente.

Nessa passagem, Holanda ressalta não apenas o fundo afetivo das ações entre os brasileiros — e antes deles entre os portugueses — mas o critica por "atrofiar" as qualidades racionais fundamentais para a organização política do país.

É na descrição do "homem cordial" que Holanda explicita como deve ser a relação entre o público e privado e como ela se dá na sociedade brasileira. O Estado moderno seria caracterizado por sua descontinuidade com a esfera doméstica, sobre a qual transcenderia e triunfaria com suas leis gerais. A burocracia estatal seria marcada pela especialização de funções, exercidas por funcionários escolhidos pelo mérito e dedicados a interesses objetivos. De maneira correlata, teríamos o sistema industrial moderno, com produção em larga escala e relações impessoais entre empregador e empregados. É, em suma, uma nova ordem fundada em princípios abstratos que substituiriam os laços de afeto de sangue (ibid, p. 103), distinguindo claramente assim os domínios público e privado.

Entretanto, Holanda ressalta que na sociedade brasileira não é esse o modelo de relações observado. Antes, encontraríamos a "supremacia incontestável" da família, de modo que "as relações que se criam na vida doméstica sempre forneceram o modelo obrigatório de qualquer composição social entre nós" (ibid, p. 106). Assim, a escolha dos funcionários públicos dar-se-ia não por suas qualificações, mas sim pela confiança pessoal neles. Além disso, veríamos de um modo geral a dificuldade com as relações impessoais e a tendência a buscar sempre um contato mais próximo, mais "familiar". "A manifestação normal do respeito em outros povos tem aqui sua réplica, em regra geral, no desejo de estabelecer intimidade" (ibid, p. 108). Tais expressões espontâneas "de um fundo extremamente rico e transbordante" (ibid, p. 107) seriam um reflexo da cordialidade que marcaria fundamentalmente o caráter brasileiro. Ao contrário da polidez, que se torna uma forma de defesa das emoções diante da sociedade, a cordialidade revelaria o oposto, um desejo de viver nos outros e o medo de viver consigo mesmo.

Porém, Holanda está longe de ver no "homem cordial" um elemento positivo da sociedade brasileira, pois, para ele, "essa aptidão para o social está longe de constituir um fator apreciável de ordem coletiva" (ibid, p. 113). O fundo emotivo que alimenta a cordialidade e, antes dela, a cultura da personalidade que movia os portugueses em função de seus laços afetivos provocaria movimentos irregulares de associar-se aos outros, tornando-se difícil a cooperação coletiva estável e básica a uma ordem social. Sem a ação da racionalidade que disciplina as paixões, que gera motivações pautadas em interesses e ideias e não nas emoções, dificilmente teremos, na visão de Holanda, um Estado moderno, baseado em uma democracia liberal. Para tanto, seria preciso "liquidar" os "fundamentos personalistas" da sociedade brasileira.

Temos então em *Raízes do Brasil* um estudo refinado da sociedade brasileira e de sua formação. Discutindo desde o início da colonização, com o estabelecimento de uma sociedade agrária, pautada na escravidão e na monocultura, e de suas poucas cidades iniciais, até as mudanças posteriores com a vinda da família real portuguesa em 1808, Holanda associa aos aspectos da organização social estudados o que seriam as motivações e os valores coletivos, enfim, os traços da cultura portuguesa que vêm a formar uma cultura brasileira. Mais uma vez, encontramos o destaque dado a um forte componente afetivo como característica cultural brasileira, o que Holanda considera ao mesmo tempo positivo e negativo. Em consonância com Prado e Freyre, temos a positividade concedida à mestiçagem, decorrente desse fundo emotivo transbordante que elimina as distâncias físicas entre as raças. No plano negativo, vemos Holanda desenvolver de forma mais profunda um argumento que nos livros de Freyre e Prado aparece de uma forma menor: a negatividade acordada à irregularidade das associações coletivas e os problemas acarretados à formação de um Estado moderno, consequências das paixões irrefreadas. É esse tom crítico de Holanda que se sobressai e terminamos o livro não apenas com uma análise iluminada, mas também com uma visão pessimista da sociedade brasileira.

O Brasil através do espelho

Uma das características recorrentes nas representações europeias sobre o mundo colonial era a emotividade dos "selvagens". Essa emotividade seria o reflexo de uma condição mais primitiva, no sentido de uma evolução física e psicológica, como em uma criança ou mesmo em um animal — donde o termo selvagem. Associada a ela estaria a irracionalidade, posto que seria somente pela falta do controle da razão que teríamos seres tão emotivos, seguindo a lógica do pensamento cartesiano que opõe emoção à razão, por sua vez associada ao contraste entre natureza e cultura.

Essas ideias estavam presentes não apenas nos relatos de missionários, viajantes e administradores coloniais como também permearam a antropologia pós-evolucionista. Foi assim que Malinowski e Evans-Pritchard depararam-se com a questão da irracionalidade dos povos "primitivos", argumentando sobre lógicas de raciocínio distintas das europeias — vide o "problema" da não participação masculina na concepção entre os trobriandeses e das crenças na bruxaria entre os azandes — sem colocar em xeque a própria indagação sobre o que significa ser racional ou irracional. Essa visão sobre uma emotividade em excesso e a consequente falta de racionalidade encontra-se presente nos relatos de viajantes e missionários europeus que vieram ao Brasil ao longo do período colonial. São esses textos que fornecem muitas das referências citadas ao longo de *Retrato do Brasil*, *Casa-grande & senzala* e, em presença menor, *Raízes do Brasil*, informando até certo ponto as interpretações dos autores sobre os brasileiros.

No entanto, o olhar europeu marca essas obras — e muitas outras — de um modo mais profundo do que apenas através de referências. Como ressaltam os estudos pós-colonialistas (Chatterjee, 1993; Gandhi, 1998), os movimentos nacionalistas nos países que foram colonizados lidam inevitavelmente com o passado colonial, em particular com a diferença entre colonizador e colonizado, premissa do próprio colonialismo. Segundo Fanon, a resistência ao colonialismo envolve a superação da alienação do colonizado, que não se vê como sujeito mas sim como coisa, através do olhar do colonizador; "dito de outra forma, o colonizado importa a sua consciência, ele é o reflexo do reflexo" (Ortiz, 1994:57-58).

Assim, se encontramos nas três obras analisadas o projeto de pensar na especificidade brasileira, durante e após seu período colonial, que vê na mestiçagem sua característica distintiva, percebemos também esse olhar identificado com uma visão europeia que renega os nascidos nos trópicos. Não é à toa que predomina entre os autores, em menor proporção em *Casa-grande & senzala*, o uso do verbo na terceira pessoa — e não na primeira pessoa do plural — para falar de um ponto de vista distanciado sobre o Brasil, como por exemplo: "a vida íntima do brasileiro nem é bem coesa, nem bastante disciplinada, para envolver e dominar toda a sua personalidade, integrando-a, como peça consciente, no conjunto social" (Holanda, 1982:112). Se esse estilo de escrita cria sempre o distanciamento do autor do texto, elemento hoje criticado nas etnografias clássicas, nessas obras a impressão que se tem é de um olhar estrangeiro vendo a sociedade brasileira.

É assim que os brasileiros são caracterizados acima de tudo por uma emotividade "transbordante", traço atribuído pelos europeus aos povos colonizados de um modo geral. É uma visão que toma a emoção como fenômeno naturalizado, de base psicobiológica, de tal forma que ser emotivo implica estar mais próximo à "natureza" do que à "cultura". Ou seja, do ponto de vista dos europeus colonizadores, a emotividade manifesta é um sinal de inferioridade e é por isso que Paulo Prado e Sérgio Buarque de Holanda reiteram a necessidade de disciplina como elemento civilizador, entendido aqui no sentido evolucionista.

Mas o olhar do colonizador não é aceito tão simplesmente, sendo ressignificado e reavaliado nessas visões pós-coloniais. Assim, a noção de que brasileiros formam um povo particularmente emotivo não é criticada tão facilmente, mas torna-se foco de ambivalências nas obras analisadas aqui. Do ponto de vista negativo, a emotividade em excesso levaria a um individualismo anárquico, onde a unidade não seria tanto o indivíduo, mas o grupo familiar e de amigos, privilegiado sempre acima da coletividade de um modo mais amplo, comprometendo portanto as transformações exigidas pela modernidade. Por outro lado, produziria também um movimento contínuo de aproximar as pessoas, o que seria visto como superador das distâncias de classe e raça e, consequentemente, considerado positivo e adotado como traço constitutivo de uma identidade brasileira.

Assim, a noção do brasileiro emotivo e as ambivalências em torno dessa imagem formam aspectos significativos das narrativas nacionais produzidas na década de 1930. São também, como apresento nos próximos capítulos, elementos presentes nos relatos dos entrevistados que fizeram seu doutorado no exterior, mas que recebem em cada contexto elaborações particulares.

3

A experiência de ser um estrangeiro brasileiro

A condição de estrangeiro coloca em foco alguns aspectos da vida social, discutidos em textos clássicos de Simmel (1971) e Schutz (1971) sobre a figura do estranho. Simmel afirma que a interação com o estranho apresenta a união dos elementos de proximidade e distância presentes em qualquer relação humana. Embora seja parte de um grupo, no lugar de estranho ele não possui uma posição fixa nesse novo ambiente social. Em função disso, ele apresenta uma atitude "objetiva", pela sua distância e não envolvimento, que pode também ser entendida como oferecendo liberdade: "ele é o homem mais livre, prática e teoricamente; ele examina as condições com menos preconceitos; ele as avalia em relação a padrões mais gerais e objetivos; e suas ações não são confinadas por costume, piedade ou precedente" (Simmel, 1971:146).[16] Assim, a relação com o estranho é mais abstrata, baseada nas qualidades mais gerais que existem entre ele e o grupo, tendo como efeito a ênfase nas diferenças e uma visão do estranho como tipo e não como indivíduo.

Schutz (1971) por sua vez discute como o estranho é aquele que coloca em questão tudo que parece inquestionável para o grupo do qual se

---

[16] Minha tradução de: "he is the freer man, practically and theoretically; he examines conditions with less prejudice; he assesses them against standards that are more general and more objective; and his actions are not confined by custom, piety, or precedent".

aproxima. O padrão cultural desse grupo não tem a autoridade de um sistema de conhecimento testado, assim como sua história não faz parte da biografia do estranho. Ao chegar, ele não tem nenhum ponto de partida em termos de uma posição ou status na nova hierarquia, que o permita tomar um determinado padrão cultural como forma de orientação. Assim, começa a interpretar seu novo meio social nos termos de seu esquema de pensamento anterior, com ideias preconcebidas sobre o novo grupo e uma visão tipificada dos indivíduos. Entretanto, como membro potencial desse grupo, deve aprender a dominar seu padrão cultural e, nesse processo, seu próprio pensamento usual começará a ser questionado, pois não permite a navegação no novo ambiente social. Só após acumular algum conhecimento do novo esquema de interpretação é que ele começa a adotá-lo como meio de sua própria expressão.

Há, portanto, alguns pontos em comum nas análises de Simmel e Schutz sobre o estranho. Primeiro, destacam a ambiguidade da posição social do estranho — ao mesmo tempo fora e dentro do novo grupo social. Segundo, como resultado disso, a relação dele com as pessoas desse novo meio é marcada pelo recurso a padrões de avaliação e de conhecimento distintos dos locais, conferindo ao estranho certa qualidade de liberdade de questioná-los. Por fim, tanto o estranho quanto as pessoas locais tendem a ser vistos, em um primeiro momento, de forma tipificada, sem consideração de suas individualidades.

Partindo dessas questões a respeito do estranho, apresento neste capítulo como as pessoas entrevistadas relataram suas experiências de ser um estrangeiro em geral, e brasileiro em particular. Analiso como eles vivenciaram o fato de serem vistos como diferentes, tanto em termos das imagens sobre os brasileiros encontradas naqueles países quanto pelas práticas e comportamentos locais que os marcavam dessa maneira em seus cotidianos. A partir dessa discussão sobre a experiência de ser estrangeiro, faço uma primeira aproximação em torno das percepções da identidade brasileira, uma vez que as identidades implicam sempre e ao mesmo tempo afinidades com um conjunto de pessoas e contrastes em relação a outros grupos.

Como a experiência de ser um estrangeiro passa pelo seu reconhecimento como tal, muito em função de traços físicos distintos daqueles considerados típicos da sociedade local, destaco o significado dado pelos entrevistados à ideia de ter ou não uma "aparência brasileira". Em particular, procuro compreender o que representa afirmar, como fez a maioria, que não têm "aparência" ou "cara" de brasileiro, explicação dada para o fato de não terem sentido um tratamento discriminatório. Qual a implicação dessa negativa para uma construção subjetiva de identidade brasileira? Analiso, neste capítulo, como a identidade brasileira para essas pessoas está articulada às dimensões de gênero e de raça, como parte da experiência da condição de estrangeiro.

Uma vez que, embora coletiva, a identidade nacional recaia sobre a vida de cada pessoa, a figura do sujeito nacional adquire certas características físicas que o diferenciam de outras nacionalidades. Há nessa afirmação dois sentidos. Primeiro, como já afirmou Mauss (1974), cada sociedade possui seu conjunto de técnicas corporais que moldam o corpo nas suas várias idades e no desempenho das atividades cotidianas. Uma sociedade heterogênea, com segmentos sociais distintos e códigos culturais variados, terá diversos conjuntos de técnicas corporais. Segundo, apesar dessa diversidade, como as nações modernas pretendem frequentemente apresentar uma cultura homogênea, elegem formas simbólicas de marcar o corpo como sendo específica dessa ou daquela nacionalidade. Assim, a sensualidade como traço típico de alguns, o "pertencimento" a uma mesma raça (ou então à mistura racial, como quer a narrativa nacional brasileira) ou a escolha de um determinado gênero como representativo do sujeito nacional dão corpo, literalmente, à identidade nacional.

Na América Latina, os movimentos eugênicos de inspiração europeia demonstraram a importância do gênero e da raça na construção de várias nações. Em seu estudo, Stepan (1991) examina o papel da eugenia na constituição de alguns Estados-nações latino-americanos como Brasil, Argentina e México na virada do século XX, ao selecionar e "melhorar" a constituição genética de seus povos. Nesse caso, o privilégio de certos tipos raciais e o foco na saúde reprodutiva das mulheres eram fatores fundamentais para a busca da "homogeneidade" que seria necessária a uma nação moderna.

Além da seleção e definição de quem constitui um sujeito nacional, as dimensões de gênero e raça tornam-se também elementos simbólicos da elaboração da identidade nacional. Ou seja, encontramos uma apropriação simbólica do corpo que marca e distingue um sujeito nacional de outros. Hall (1998) menciona, por exemplo, como os significados da "inglesidade" estão associados à masculinidade. Por sua vez, Kondo (1997:47) argumenta que a noção de Ásia aos olhos do Ocidente contém mais do que contornos geográficos, apresentando características de racialização e feminização comuns em relações de submissão. Ou seja, ela sublinha a simultaneidade e interseção entre o gênero e os sistemas de dominação colonial e racial.

No Brasil, existiu durante o Império a representação do país como índio — figura étnica masculina (Carvalho, 1999). Mais recentemente, a identidade nacional vem sendo frequentemente simbolizada pela figura da mulata — novamente combinando gênero e raça, embora de maneira distinta do período anterior.[17] Nesse caso a posição da mulata desafia as relações de poder tradicionais — inferior por sua origem social, mas poderosa por sua sexualidade (Correa, 1996). Seria justamente essa representação como sedutora, mas submissa, que tornaria a mulher "de cor" a preferida aos olhos dos estrangeiros brancos que visitam o país interessados no turismo sexual (Piscitelli, 1996).

Com esses exemplos, ilustro não apenas a articulação estreita entre identidade nacional, gênero e raça, mas também como essa elaboração dialoga com vozes e olhares externos. Se as autoimagens se definem por contraste aos outros, é parte significativa desse processo a negociação com as imagens construídas por esses outros, principalmente em contextos pós-coloniais. Isto é, as ex-colônias trazem em suas identidades nacionais a marca da ambivalência, ao desejarem um reconhecimento como igual — o que lhes é negado em geral — e ao mesmo tempo uma afirmação de sua singularidade.

---

[17] Giacomini (2007) analisa como pensadores clássicos brasileiros — Nina Rodrigues, Gilberto Freyre e Oliveira Vianna — apresentam a articulação entre gênero e raça na figura da mulata.

As dificuldades da adaptação

> *Claudia — Como é que você sentiu essa percepção de ser brasileiro lá?*
>
> *Marcos — Isso é muito esquisito, porque você é muito diferente a princípio. E eles te veem como sendo mais diferente do que você é. Então na verdade é o maior preconceito. Um preconceito e uma dificuldade de entender quais são os seus códigos também. Então ser brasileiro... tinha até umas coisas positivas, brasileiro branco em particular. O Brasil tem até simpatia para certas coisas como país relativamente neutro. Não é civilizado de fato, mas também não é barbárie.*

Para a maioria dos entrevistados, a motivação para realizar o doutorado, ou parte dele, no exterior, baseou-se fundamentalmente na percepção de que, em suas áreas de estudo (desejadas), não havia especialistas ou mesmo programa de pós-graduação. Em alguns casos, o contato com o futuro orientador já havia sido feito no Brasil — eram pesquisadores que visitavam ou tinham intercâmbio com instituições no país. Boa parte deles já fazia pesquisa e/ou dava aula em órgãos públicos e universidades, seja com contratos temporários ou vínculos permanentes, e via no doutorado um aperfeiçoamento importante para suas carreiras.

Mas, para quase todos, havia a possibilidade de escolha entre instituições em países distintos e assim outros fatores pesaram na decisão final de buscar uma determinada universidade. As quatro pessoas que estudaram em Londres preferiram a Inglaterra aos Estados Unidos em função de uma visão crítica e relativamente negativa da sociedade americana, bem como de uma valorização dos países europeus de um modo geral. Outra entrevistada tinha a opção de escolher entre instituições inglesas e francesas e privilegiou as últimas por um fascínio que já tinha pela França e por seu maior domínio da língua francesa. Em três casos, a decisão de ir para um país ou outro teve que ser negociada com o cônjuge, que também ia fazer seu doutorado, de forma a encontrar um lugar com instituições especializadas nas áreas de estudo de ambas as partes.

Na maioria das vezes, como já mostrei no capítulo 1, havia, além da vontade e necessidade de fazer o doutorado, o desejo de viver em outra sociedade, e principalmente em grandes cidades cosmopolitas. Como disse, muitos já haviam ido ao exterior em viagens turísticas, mas destes, apenas dois haviam vivido fora por um período de um ano. Em ambos os casos, foram viagens distintas da feita no doutorado — tinham viajado na adolescência, um deles havia ido com seus pais e irmãos e o destino havia sido fora do eixo Estados Unidos-Europa. A valorização de outras culturas e de um conhecimento mais próximo do outro, em particular das sociedades de "Primeiro Mundo", era assim um traço desse grupo, espelhado também na própria escolha do campo profissional e compartilhado com outras pessoas das camadas médias, como os jovens que escolhem fazer intercâmbio no exterior (Rezende, 2006).[18]

A estadia no exterior para realizar o doutorado foi, portanto, a primeira experiência, para muitos, de viver como estrangeiro. Se essa condição permitia um olhar crítico e comparativo em relação tanto à sociedade local quanto à brasileira, era também explicação para dificuldades de comunicação mais amplas, principalmente no início da estadia, em função de uma falta de domínio não apenas da língua nativa quanto de regras de comportamento mais gerais. Alguns na chegada se chocaram ao perceber que tinham menos fluência no idioma local do que imaginavam, sofrendo dificuldades para acompanhar as disciplinas do doutorado e entender os códigos acadêmicos. Mesmo quando falar a língua não era um problema, havia os sotaques de classe, particularmente fortes na Inglaterra, e de região, encontrados em pessoas na rua e na universidade — como os funcionários de limpeza e dos refeitórios — que nem sempre eram compreendidos.

Além da língua, instalar-se em uma residência e, quando o caso, encontrar escola para os filhos eram etapas que nem sempre fluíam bem. A maioria ao chegar já tinha algum esquema de residência previsto ou reservado — apartamentos da universidade ou particulares —, mas nem sempre as condições do lugar agradavam e algumas pessoas se mudaram mais de uma vez ao longo do doutorado. Entre os que foram solteiros, apenas Cátia morou sozinha durante sua estadia; os outros dividiram apartamento com outros estudantes brasileiros ou estrangeiros. Os entrevistados que

---

[18] Entre esses jovens, como discuto em outro lugar (Rezende, 2006), a experiência no exterior torna-se parte de um processo de "amadurecimento" pessoal que implica a vivência da autonomia do grupo familiar, particularmente valorizada nessa etapa de vida. Em contraste, Rial (2005) mostra como jogadores brasileiros na Espanha estão pouco interessados na experiência de outra sociedade e buscam reproduzir lá seus estilos de vida brasileiros.

viajaram com filhos também tinham que matriculá-los em escolas locais e, embora todos relatassem que as crianças se adaptaram sem maiores problemas, nem sempre a escola agradava aos pais. Laura teve que trocar seu filho de creche mais de uma vez em função tanto da adequação de horários às suas necessidades de trabalho, bem como de ajuste com professores mais habituados a lidar com crianças estrangeiras. Nesse início, o apoio do círculo de conhecidos, que incluía amigos feitos no Brasil e alguns orientadores com muita familiaridade com a sociedade brasileira, costumava ser fundamental no processo de resolução das questões de moradia e escola, e no entendimento das formas de funcionamento da instituição do doutorado.

Para a maioria, os problemas de adaptação e/ou relacionamento na sociedade local deviam-se ao fato mais geral de serem estrangeiros tendo que entender as regras de um lugar novo, e não de serem brasileiros especificamente. As dificuldades surgiam na instituição onde estudavam e em aspectos mais gerais do cotidiano em um país diferente. Mas, ao relatarem essas questões, era problemático dissociar a condição de estrangeiro da identidade específica de brasileiro.

A maioria dos entrevistados relatou problemas iniciais nas instituições em que fizeram seus doutorados. Além das dificuldades para entender os códigos acadêmicos — as expectativas dos professores, a relação com outros colegas — havia em algumas situações exigências específicas feitas aos alunos estrangeiros. Em geral, ser um estudante estrangeiro, e em alguns casos especificamente brasileiro, foi um fator que marcou a relação institucional — seja com o orientador, com outros professores ou com colegas estudantes. Para desenvolver esse ponto, é preciso explicar brevemente as diferentes organizações dos cursos de doutorado nos países em questão — com uma diferença marcante entre as instituições norte-americanas e as europeias.

De um modo mais amplo, os doutorados nos Estados Unidos eram estruturados em um conjunto de disciplinas a serem cursadas, após as quais o aluno passava por um exame de qualificação para então realizar sua pesquisa e elaborar sua tese. Em todas essas etapas, o orientador acompanhava de modo razoavelmente estreito o desenvolvimento do aluno. Nos países europeus em questão — Inglaterra, França, Bélgica — a estrutura dos doutorados é mais variada e, de maneira geral, mais flexível, e a relação com o orientador tende a ser mais distante. A exigência de realização de disciplinas varia não apenas entre os países, mas também de acordo com as áreas — por exemplo, na Inglaterra o doutorado de antropologia tinha em seu primeiro ano um elenco determinado de matérias a serem cursadas, após as quais fazia-se o exame de qualificação, o que não acontecia no doutorado de sociologia, que exigia pouco dos alunos em termos de frequência às aulas. O comum nesses países era a exigência de que os estudantes estrangeiros, a despeito de suas formações anteriores, frequentassem certo número de disciplinas no primeiro ano, fazendo em alguns casos o exame de qualificação, o que não era esperado dos alunos nativos. Já nos Estados Unidos todos — americanos e estrangeiros — tinham que passar pelo mesmo percurso acadêmico.

Em geral, foram poucas as queixas daqueles que estudaram nos Estados Unidos. Além de cursos com uma estrutura mais facilmente compreensível, as universidades também tinham serviços de apoio ao estudante, principalmente para encontrar moradia. Renato, que já era professor no Rio de Janeiro antes de viajar, relatou um problema pontual, que foi a dificuldade de se matricular em uma disciplina. O professor argumentou que os alunos brasileiros não tinham formação teórica adequada para o programa do curso, que teria como tema a sociedade americana. Foi preciso explicar ao professor que seu mestrado havia sido na área temática da disciplina para que ele obtivesse autorização para se matricular. Carlos, Teresa e Dora, ao contrário, elogiaram a estrutura das universidades americanas. Teresa afirmou ter sido muito bem tratada. Para ela, detalhes como os horários de atendimento dos professores demonstravam o respeito com todos e, no tempo do encontro, o aluno recebia toda a atenção do professor. O fato de a relação com o professor ser mais "oficial e institucionalizada" do que no Brasil não era um problema, e sim uma vantagem, pois "tinha já uma estrutura funcionando que você sabia seus direitos como aluno e sabia como se relacionar mesmo numa sociedade estranha". Carlos e Dora destacaram o serviço de apoio de suas universidades aos estudantes estrangeiros, que facilitava os aspectos práticos da instalação. Nas palavras de Dora, tudo ficava mais "fácil" — "eles davam aula de como abrir uma conta no banco, como você comprar roupa de cama, como você alugar apartamento, tinham *workshops* para tudo, organizavam passeios...".

Já entre os que estudaram na Europa, foram muitos os relatos de dificuldades e problemas, tanto em termos das demandas (ou sua falta) do curso de doutorado bem como em função da relação com o orientador. Como caso mais excepcional, temos a situação de Alberto, que fez um ano de doutorado na Bélgica e, depois de muitos problemas, acabou resolvendo ir para a França. Na Bélgica, sua maior dificuldade foi com seu orientador, que demonstrava pouco interesse pelo que já tinha feito no mestrado no Brasil e não sabia lidar com os pedidos de avaliação das agências brasileiras de financiamento, recusando-se inclusive a escrever um relatório que havia sido exigido e causando, portanto, uma interrupção no pagamento de sua bolsa de estudos. Em Paris, ao contrário, encontrou um ambiente de trabalho de equipe que o agradava, além de ter no grupo de seu orientador francês outros estudantes brasileiros, com quem desenvolveu boas relações de amizade.

A exigência de que apenas estudantes estrangeiros realizassem os cursos de preparação para a qualificação, presente entre os que estudaram na França e na Bélgica,[19] foi vista de forma ambivalente. Marcelo achou bom poder estudar pensadores europeus clássicos por um ano, como forma de revisão, apesar de ouvir colegas brasileiros "revoltados" com o que para eles era um "abuso" — pessoas que já eram professores em seus países terem que fazer cursos e serem avaliados. Alberto disse que a ideia de um ano de preparação era interessante para "equilibrar" o conhecimento de pessoas de origens diversas, mas achou que no seu caso foi "meio perda de tempo", pois já tinha conhecimento de parte da bibliografia usada nos cursos, embora o tenha também apresentado a temas novos. Da mesma forma, Silvia teve uma experiência ambivalente — formou um sólido grupo de amigos que juntos buscavam complementar cursos que achavam muito básicos. Por outro lado, como pesquisadora experiente no Brasil, criticava muito uma das professoras, que, por ser muito nova e com pouca experiência, não aceitava participação em sala de aula.

Se essas questões diziam respeito a uma condição genérica de estudante estrangeiro, em algumas situações as pessoas se deparavam com imagens específicas dos brasileiros. Laura comentou a surpresa dos

---

[19] Esta também foi minha experiência no doutorado em antropologia na Inglaterra, ao contrário dos outros entrevistados que estudaram em Londres e não tiveram essa exigência.

bibliotecários em Paris quando ela devolvia os livros em dia, contrariando sua visão de que os estudantes brasileiros sempre atrasavam a entrega do material emprestado. De forma semelhante, Roberto, Cátia e Andréa falaram de como seus professores na Inglaterra se impressionavam com o fato de eles apresentarem seus trabalhos dentro do prazo estipulado, distanciando-se da falta de pontualidade e de disciplina esperada dos brasileiros e revelando uma determinação de estudar não imaginada. Marcos teve que convencer seu orientador de que tinha condições intelectuais para realizar uma tese teórica, pois este achava que os estudantes brasileiros tinham, a princípio, uma formação deficiente em teoria. Por outro lado, eles se sentiam apreciados por vários professores ingleses que tendiam a ver nos estudantes brasileiros uma orientação política de esquerda, tida como positiva por eles.

Alguns entrevistados também discutiram as dificuldades de ser estrangeiro em relação a aspectos mais cotidianos da vida em outro país. As pessoas que estudaram em Londres e Paris ouviam de vez em quando reclamações de jornaleiros, vendedores e pessoas na rua com relação à presença de estrangeiros na cidade. Andréa comentou que muitas vezes, quando ia ao correio enviar cartas ao Brasil, ouvia perguntas incômodas sobre a floresta amazônica. Outra vez, ao comprar um jornal junto com uma amiga alemã, ficou chocada quando escutou do jornaleiro, quase berrando, "não aguento mais esses estrangeiros". Por outro lado, Silvia sentiu que, quando precisava pedir orientação nas ruas de Paris, os franceses eram mais prestativos do que ela esperava em função da imagem de má vontade dos parisienses para com os turistas.

Algumas pessoas tiveram problemas com moradia por serem estrangeiros. Silvia não pôde alugar um apartamento que gostara em Paris, pois os proprietários buscavam inquilinos da Comunidade Europeia. Em um primeiro momento, eles acharam que ela era espanhola, mas, quando viram seus documentos, recusaram-na como candidata. Por sua vez, Laura conseguiu alugar um bom apartamento para ela e sua família em Paris por meio de conhecidos seus do Brasil, mas enfrentou problemas na relação com os vizinhos, que atribuía a uma postura "xenófoba". Na semana em que se mudaram para o prédio, uma vizinha perguntou quando iriam embora. Em outra ocasião, trocaram o código da portaria, o que era feito de tempos em tempos, e avisaram a todos, menos a eles. Andréa tinha uma senhoria que controlava o que seus inquilinos cozinhavam, uma vez que esta alugava uma parte de sua própria casa em Londres. Embora Andréa não visse a restrição ao uso do alho como dirigida especificamente a ela como brasileira, incomodava não poder cozinhar do jeito que queria. Dora, por sua vez, teve a oportunidade de dividir apartamento com uma colega tunisiana, mas seus conhecidos na época — principalmente um amigo americano — acharam que não ia dar certo juntá-las porque, como brasileira, ela daria festas e seria barulhenta, o que não agradaria à tunisiana. De fato, não acabaram morando juntas em função de diferenças de personalidade, mas Dora não se esqueceu da força dos estereótipos no episódio. Para ela que sempre se viu como tímida e só descobriu que sabia sambar quando estava fora, ser vista como festeira era engraçado e ao mesmo tempo surpreendente.

Particularmente, muitos brasileiros encontraram, tanto nos Estados Unidos quanto na Europa, críticas duras ao desmatamento da floresta amazônica e à sua relação com a pobreza e o "atraso", sendo responsabilizados em muito pela situação do país. Esses comentários vinham de várias pessoas — desde colegas na universidade a funcionários da instituição. Nessas situações, incomodava a eles uma percepção dos problemas brasileiros que era considerada unilateral, pois não levava em conta a participação dos interesses internacionais — imperialistas, para alguns — no jogo de forças políticas e econômicas que afetam o Brasil.

Em suma, em várias situações ao longo da estadia no exterior, a condição de estrangeiro dos entrevistados era destacada por diversas pessoas — desde professores, colegas e funcionários da universidade em que estudavam a senhorios, vizinhos e pessoas na rua em geral. Se no meio universitário em geral havia uma postura mais respeitosa diante dos estrangeiros, mesmo professores e colegas de doutorado manifestavam expectativas específicas e até preconceitos em relação aos estudantes brasileiros. Frente aos tratamentos diferenciais dados aos estrangeiros e às imagens locais sobre os brasileiros, que em alguns casos resultaram em conflitos, ficava nítido o fato de serem percebidos como diferentes, uma diferença que, segundo Marcos, parecia ser vista como maior do que eles próprios imaginavam. No caso das representações de gênero e raça, esse descompasso entre imagem local e autoimagem ficava ainda mais agudo.

Corpo e aparência de brasileiro

> *Silvia — Me aconteceu no início de ir a algumas festas e as pessoas diziam "vamos dançar a lambadá" e aí eu já dizia que não sabia dançar "lambadá", porque eu sabia que neguinho queria te arrochar, te apertar, não sei o que... Chegou um momento que... as pessoas perguntavam de onde eu era. Aí eu começava a dizer que eu era paraguaia, uruguaia...*

> *Marcelo — Nem isso eu tive problema, porque eu tenho um tipo físico que eu passo por espanhol ou português em qualquer lugar. Minha família é toda lusitana, então eu não tive esse tipo de dificuldade [ser perseguido por pertencer a uma certa etnia ou raça]. A minha mulher sempre sentiu assim... ela é uma morena bonita... ela sim era vista como alguém que não era europeu, porque ela tem um tipo físico para índio.... Minha mulher é uma típica latino-americana no geral. E ela comentava comigo que a abordagem masculina em relação a ela era marcada por um* a priori *em relação à mulher brasileira, assim como se tivesse um furor (risos).*

Nas entrevistas, quando eu perguntava se em algum momento haviam sido tratados de forma distinta por serem brasileiros, a maioria entendia que eu indagava se teriam tido problemas ou mesmo sofrido discriminação das pessoas locais. Suas respostas geralmente faziam referência ao gênero e/ou à raça. Com isso, ficava claro que não se poderia sentir-se brasileiro de uma forma genérica, mas sim com um corpo particular — um gênero e uma raça específicos.

Para as mulheres, essa era uma marca especialmente forte. As imagens encontradas nos Estados Unidos e na Europa eram semelhantes — a sensualidade acentuada era o traço principal dessa representação do gênero feminino. Mas foram as entrevistadas que estudaram na Inglaterra e na França que mais a discutiram pelo modo estereotipado e generalizado com o qual era construída. Silvia percebia, entre os franceses, uma visão do Brasil como país do sonho — das praias, da música, das mulheres, da simpatia —, uma visão que seria positiva e que provocaria neles um desejo de conhecer o país. Ao mesmo tempo, a ideia de que toda brasileira dança lambada e dá liberdade para ser "arrochada" a incomodava a ponto de negar ser brasileira. Andréa também se queixava dessa imagem, pois era como se esperassem que as mulheres do Brasil fossem "sair dançando lambada de uma hora para outra" bem como dançar em qualquer situação, como nos contextos mais formais das festas em sua universidade em Londres. Por sua vez, Dora reviu sua postura tímida no Brasil quando estava nos Estados Unidos. Embora, como já mencionei, tenha deixado de dividir apartamento com uma tunisiana por causa de imagens desse tipo, gostou de se perceber mais festiva e capaz de sambar.

Entre os homens, a dimensão de gênero da identidade nacional parecia ser menos pronunciada, como no exemplo de Marcelo que fala de sua esposa, mas não de si próprio. Dos seis homens entrevistados, apenas Marcos e Renato, que estudaram na Inglaterra e nos Estados Unidos, respectivamente, discutiram suas reações diante das imagens encontradas. De forma semelhante às mulheres, os homens brasileiros seriam mais "quentes" nas relações amorosas, sendo uma característica fundamental do tipo *latin lover*. O outro lado da moeda dessa imagem era a noção de que os homens brasileiros seriam machistas, este sim um aspecto rechaçado pelos entrevistados.

Estudando em sociedades nas quais as idéias feministas eram particularmente disseminadas no meio universitário, Renato e Marcos comentavam que às vezes seus gestos de gentileza e cuidado despertavam reações negativas, o que exigia deles uma postura cautelosa constante em torno dos seus atos. Marcos achava muito "desagradável" ter que se controlar para não "ser capturado por esses estereótipos". Tinha que ter cuidado ao chamar uma colega para tomar um café para que ela não tomasse o convite como uma cantada. Renato teve algumas experiências que ele também qualificou como "desagradáveis" de tocar nas pessoas e ter seu gesto confundido com assédio. Conta que uma vez ao se despedir de uma colega americana — "aquela americaninha típica... muito enquadradinha no esquema" — ao fim de uma comemoração, deu dois beijinhos nela e "a mulher deu um pulo pra trás, ficou vermelha da cor de um tomate, certamente achou que eu estava *making a pass*, fazendo uma cantada". Teve então que explicar que dar beijos era um hábito no Brasil. Mesmo com homens, Renato tinha que se conter para não tocar no braço ou ombro, tendo que aprender a manter uma distância formal. Também lembra que, certa vez, ouviu "cobras e lagartos" de uma mulher para quem abriu a porta do elevador. Sua intenção de ser gentil foi confundida com um sinal de machismo, que nesse caso ele atribuía também ao fato de ser um homem com "um tipo latino".

De modo geral, a reação às imagens de gênero encontradas no exterior oscilava entre a irritação e o riso. A irritação vinha do fato de que essas mulheres e homens não se identificavam com esses estereótipos, pelo menos não completamente. O riso colocava uma distância entre o contato com essas representações e seus efeitos subjetivos: ao ser relatado como algo engraçado com o qual tiveram que lidar, essas pessoas pareciam dizer que não lhes tocava seriamente. Embora tenha prevalecido uma atitude de diminuição da importância dessas imagens, a maioria, ainda assim, ajustou seu comportamento para evitar ser associado a uma visão tida como estereotipada e ambígua sobre os brasileiros.

Se as marcas do gênero apareciam no tratamento que recebiam como brasileiros, eles não se percebiam como tendo uma cor ou "aparência" brasileira. A maioria apontou, em um momento ou outro da entrevista, que, por não ter "aparência" de brasileiro, não foram tratados de forma "diferente", isto é, não foram discriminados a partir dos traços físicos. Marcelo, por exemplo, afirmou que tinha "aparência" de lusitano e, portanto, europeu, cabendo à sua mulher o tipo "latino" — pele morena, traços índios. Como ele, a maioria presumia que tinha "aparência" de outros estrangeiros de "tipo europeu", mas não de brasileiro. Aliás, em duas vezes nas quais se reconheceu ter um aspecto fisionômico não explicitamente europeu, falava-se em um "tipo latino" — expressão vaga que podia tanto referir-se ao "latino-americano" quanto ao "europeu latino" —, mas nunca brasileiro. A exceção foi Andréa, que não achava que passasse por europeia, mas não era tão diferente como os asiáticos, em suma, não achava que fosse vista como "não ocidental".

A "aparência brasileira" era vista, por excelência, como mestiça de negro e branco — imagem emblemática de identidade brasileira calcada na miscigenação racial, encontrada nos países em questão e sustentada pelas pessoas entrevistadas. Assim, Renato se deparava constantemente com a surpresa das pessoas ao saberem que o filho dele, de olhos azuis, era brasileiro, e ficava impressionado com o "estereótipo" de que todos os brasileiros seriam negros ou mulatos. Por outro lado, aqueles que não se viam como um "tipo brasileiro" explicavam sua aparência recorrendo a traços como cor "branca" da pele, dos olhos claros, cabelos lisos, como distintivos, reforçando por contraste a imagem típica do brasileiro mestiço. De um modo ou de outro, como na questão do gênero, todos se distanciavam dessa figura tipificada.

É importante destacar que a categoria "aparência" aqui indica basicamente aspectos fenotípicos associados à noção de raça,[20] e que o reconhecimento desses traços, bem como sua associação a uma ou outra raça, varia culturalmente, como já mostrou Oracy Nogueira (1985) em seu clássico estudo comparativo entre Brasil e Estados Unidos.[21] Assim, é interessante notar que em nenhum momento nas entrevistas discutiu-se a probabilidade de ser visto racialmente distinto de sua autoimagem, colocando em foco as diferentes percepções do que seja uma pessoa "branca" ou mesmo a ideia de que existem várias brancuras, valorizadas desigualmente. Isto é, ninguém falou na possibilidade de ser visto com um branco diferente dos brancos locais. Como recontei no início do livro, fui vista como não branca por uma amiga americana e de fato, a partir daquele momento, enxerguei que a minha brancura brasileira não era a mesma daquela americana ou dos muitos ingleses que conheci. Também tinha amigos brasileiros em Londres que eram confundidos com árabes — e às vezes maltratados por isso, apontando para uma outra brancura que nos dias de hoje é particularmente problemática.[22] Ou seja, se em relação ao gênero os entrevistados discutiram as visões com as quais se depararam, em termos das imagens raciais, não se comentou ter havido situações de confronto de autoimagem. Na maioria dos depoimentos eles simplesmente assumiam que não tinham "aparência" de brasileiro e que não eram identificados fisicamente como tal na sociedade local.

É significativo apontar também que as referências à categoria "aparência" de fato se restringiam a características raciais, deixando de lado

---

[20] A categoria "aparência" pode ter outros significados em outros contextos, como a ideia de aparência limpa e arrumada como requisito de patroas ao contratarem empregadas domésticas (Rezende, 2001). Ver também Damascena (1997) para uma discussão mais detalhada dessa categoria.

[21] Nogueira (1985), em seu estudo sobre as diferentes formas de preconceito racial, dá outros exemplos de brasileiros que nos Estados Unidos são tratados como negros, mas que não se reconhecem dessa maneira. Estaria em questão nesses casos diferentes percepções de raça, ora focalizando o fenótipo, ora a origem.

[22] O caso do assassinato do brasileiro Jean Charles pela polícia londrina em 2005, confundido com um terrorista árabe, ilustra de modo radical os problemas do tipo de brancura associada a árabes, também presente entre os brasileiros.

outros aspectos corporais. Ninguém falou da possibilidade de ter sido identificado como brasileiro por formas de andar, falar e gesticular particulares, lembrando aqui a ideia de técnicas corporais de Mauss (1974), ou mesmo pelas maneiras de se vestir.[23] Embora Silvia tentasse negar ser brasileira, dizendo ser uruguaia, em outro momento do seu relato, contou que sua maneira expansiva de ser, tocando as pessoas no braço quando falava, assustava os franceses e foi alvo de contenção sua. Marcos comentou que aprendeu a reconhecer outros brasileiros pelo modo de andar, "meio largado", e pela postura corporal, mas não disse se ele também era reconhecido assim.

Portanto, se os entrevistados falavam, muitas vezes de forma espontânea, de como no exterior as imagens de gênero associadas aos brasileiros os afetavam, a maioria declinava ter marcas físicas que os colocariam inescapavelmente na condição de estrangeiro de Terceiro Mundo. Se por códigos brasileiros essas pessoas faziam parte das camadas médias *brancas*, isso não era dado aos olhos europeus ou americanos, que apresentam percepções variadas de branco (Dominguez, 1986). Mas negar tal imagem significava negar a possibilidade de ser reconhecido prontamente como brasileiro — por características físicas visíveis, sem precisar falar ou identificar-se como tal.[24] Ou seja, para eles, se a condição estrangeira era inescapável, seria possível ao menos tentar aparentar ser um estrangeiro de tipo europeu, na caracterização de Marcelo, menos marcado por sua origem de Terceiro Mundo, e assim, nas palavras de Marcos, menos diferente do que se pensa.

A diferença incômoda

Ao longo deste capítulo, mostrei como o tratamento dado ao estrangeiro e ao brasileiro em particular, principalmente diante das imagens de gênero e raça, produzia, nas pessoas entrevistadas, uma situação constante de

---

[23] De modo inverso, Farias (2006) mostra como nas praias cariocas é possível identificar os estrangeiros (os "gringos") pela falta das técnicas corporais na areia e no mar consideradas adequadas, além da cor da pele distinta — o branco que não se bronzeia.
[24] De forma semelhante, Norvell (2002) discute a brancura relutante de pessoas das camadas médias do Rio de Janeiro como uma narrativa dual de pertencimento, ao mesmo tempo dentro e fora da identidade brasileira.

Retratos do estrangeiro

discrepância de status — entre as qualidades que se atribui a si próprio e as que são atribuídas pelos outros. Nas palavras de Marcos, "você é muito diferente a princípio. E eles te veem como sendo mais diferente do que você é". A situação de contraste — fundamental para a afirmação de qualquer identidade — realçava a diferença, que, entretanto, parecia ser vista pelo outro como sendo maior do que se imaginava. Ou seja, é nesse contexto que as pessoas se defrontavam com as imagens feitas pelos outros, obrigando-as a dialogarem de algum modo com as visões locais e a repensarem suas percepções de si mesmas. Destaco alguns pontos para entender essa experiência da diferença.

Em primeiro lugar, a condição de estudante estrangeiro em um país estranho não colocava apenas em foco o domínio da língua e dos códigos locais, aprendizado particularmente difícil nos primeiros tempos. Estava em xeque também a suspensão e até a inversão das características sociais de origem. Muitos dos entrevistados já eram professores e pesquisadores no Rio de Janeiro, alguns até com cargos estáveis em instituições públicas. Assim, suas trajetórias intelectuais pareciam diminuídas e às vezes até desprezadas na relação com alguns professores do doutorado ou por certas exigências feitas aos estrangeiros de um modo geral, revelando um caso típico de discrepância de status social. Para alguns, as restrições resultantes do valor da bolsa de estudos davam um gosto de "pobreza", como disse Dora, para pessoas das camadas médias brasileiras, acostumadas a um padrão mais confortável de consumo. Se em outras fases da vida, como na adolescência, a suspensão dos traços sociais de origem pode ser vivida como libertadora,[25] essa experiência era perturbadora para as pessoas entrevistadas.

Uma segunda questão estava na problematização de suas autoimagens pelas imagens de gênero associadas aos brasileiros. Não era apenas incômodo para essas pessoas ver-se englobadas por estereótipos que igualavam a todos em termos de um pequeno conjunto de características. Novamente encontramos a inversão de aspectos que os definiam antes de viajar para o exterior. Assim, ser visto como machista era uma dificuldade

---

[25] Em meu estudo (2006) de jovens que fizeram intercâmbio escolar no exterior, alguns disseram se sentir como uma "tábula rasa" e apreciar a possibilidade de reconstruir suas identidades à vontade.

para os entrevistados, socializados em camadas médias urbanas, em uma época na qual prevalecia a adoção de valores mais igualitários entre os gêneros (ver Velho, 1986; Salem, 1985). Para as mulheres, a imagem de uma sensualidade do corpo exacerbada contrastava e até mesmo se opunha à autoimagem que elaboravam como estudantes de doutorado que estavam investindo em sua formação intelectual.

Se vários aspectos sociais eram alterados ou repensados pela condição de estudante estrangeiro brasileiro, suas características raciais pareciam não ser questionadas. Mais ainda, ninguém afirmou ter "aparência" de brasileiro e, portanto, não se sentiram discriminados por isso, como outros brasileiros mais "típicos" e estrangeiros. Pareciam com isso recusar uma identidade brasileira marcada por imagens locais muitas vezes negativas ou ambíguas, como as de gênero e raça. Recusavam também o lugar de discriminado — aquele cujas características distintas são vistas como negativas ou inferiores ao padrão dominante. Para brasileiros que no Brasil tinham status considerável por serem das camadas médias, intelectuais, vistos como "brancos", era difícil suspender essa autoimagem e se reconhecer como possível alvo de discriminação no exterior.

Neste sentido, é interessante comparar essa reação com a de outros brasileiros vivendo em países estrangeiros. O caso dos brasileiros descendentes de japoneses estudados por Oliveira (1999) é particularmente revelador pelo contraste que oferece. Para migrantes que partilham de características fenotípicas com os japoneses, sendo no Brasil identificados com eles, na experiência de migração, o corpo torna-se alvo de resgate do que há de brasileiro neles. Assim, os *dekasseguis* dizem reconhecer outros brasileiros a distância. "Pelas vestimentas, pelo jeito de andar, pela forma de mexer as mãos quando fala, de longe, sem nem precisar ouvir a pessoa falar português, já se sabe que é um brasileiro" (Oliveira, 1999:295). Mais ainda, o corpo desses brasileiros é reavaliado em traços estereotipados, como sendo "mais cheinho", com curvas, diferenciado do corpo do japonês, visto como "tábua, não tem nada na frente, não tem nada atrás" (ibid, p. 296). Aqui, as identidades anteriores que antes se vinculavam ao Japão são reelaboradas e a identidade brasileira é reconstruída e acionada positivamente, ficando os japoneses no lugar de acusação, com hábitos, costumes e corpos estranhos.

Voltando ao grupo entrevistado, o que percebemos então é que a experiência de ser um estrangeiro brasileiro retirava deles, em vários momentos, características e signos que os distinguiam no Brasil como parte das camadas médias intelectualizadas. Para esses brasileiros, o destaque local dado às suas diferenças enquanto estavam na condição de estrangeiros era visto como problema. Marcava nesse caso uma distância social maior do que havia sido imaginado por pessoas que se viam, em princípio, como mais semelhantes que diferentes. Em suas estadias fora, colocava-se para eles uma série de visões do Brasil como país que não seria ocidental propriamente dito, "nem civilizado, nem barbárie". A percepção anterior ao doutorado de que eram cosmopolitas, partilhando uma série de comportamentos, ideias e valores vistos mais amplamente como ocidentais, tornava-se, portanto, problemática.

Em função disso, surgia uma relação ambígua com a identidade brasileira elaborada no exterior. Em muitos momentos, o confronto com as imagens locais sobre os brasileiros gerava desconforto, incômodo e até mesmo a recusa de uma identificação com essas representações. Em outras situações, como discutirei nos próximos capítulos, havia maior valorização e identificação com uma brasilidade, principalmente com a imagem do brasileiro como pessoa calorosa que faz amizade com facilidade. A qualidade de uma afetividade mais explícita, física até, era abraçada como traço cultural valorizado.

Contudo, in*corpo*rar essa identidade — perceber seus contornos corporais — tornava-se doloroso pois parecia torná-la inescapável, fixa no corpo, exigindo assim ter que lidar com os preconceitos daqueles de quem se desejava aceitação. Embora, como já afirmou Giddens (1991), na modernidade tardia o corpo seja constantemente manipulado para se adequar a projetos identitários coletivos e individuais, assumindo assim formas variadas e mutáveis, em alguns contextos, ao contrário, ele parece dar forma cristalizada e essencializada a certas características e identidades. Seja como elemento positivo e agregador de alguns movimentos identitários, seja como parte de visões biologizantes que naturalizam distinções sociais e culturais, ao corpo é atribuída uma essência que ancora e explica comportamentos.

Assim, reconhecer-se com "cara" de brasileiro para esse grupo de pessoas incomodava por se verem fixos em uma identidade nacional que estava, para eles, em processo de reelaboração. Mais ainda, implicava mostrar pertencimento a uma nação pela qual nutriam sentimentos ambíguos, alimentados em muito pelas visões negativas dos brasileiros encontradas no exterior. Significava, por fim, deixar em segundo plano a singularidade de cada um em favor de estereótipos que generalizam e homogeneízam para criar um tipo nacional nem sempre bem-visto.

4

Os sentidos subjetivos da identidade brasileira

Eu percebi o quanto eu era brasileira num monte de coisas, pelo comportamento muito semelhante ao que os meus conterrâneos tinham, embora não tivessem nada em comum comigo... Tem coisa em comum porque a gente é brasileiro, ponto, mais nada.

Andréa, doutorado realizado na Inglaterra

O que significava ser brasileiro? Como imagens construídas ao longo da história do país, bem como por outras sociedades, influenciavam o modo como brasileiros percebiam suas identidades nacionais? Qual o lugar que essa construção identitária ocupava para os entrevistados? O que quer dizer, como fala Andréa, que "tem coisa em comum porque a gente é brasileiro, ponto, mais nada"?

Neste capítulo, aprofundo o que essas pessoas entendiam subjetivamente por "ser brasileiro", assim como o significado que esse sentimento de pertencimento nacional tinha para elas no contexto específico dos anos em que estudaram fora do Brasil. Discuto aqui, à luz desses relatos, algumas questões teóricas apresentadas no capítulo 1. Primeiramente, está em foco como a identidade nacional é construída, em particular suas dimensões contrastiva e contextual. Nesse momento, o contraste mais genérico entre estrangeiros e locais, apresentado no capítulo anterior, desaparece para dar lugar às diferenças entre brasileiros e americanos, ingleses, franceses e belgas. Em segundo lugar, enfatizo a ideia discutida por Verdery (2000) e Herzfeld (1997) de que existe uma subjetividade nacional e que, no seu processo de construção, os indivíduos manipulam os significados do que é ser nacional. Se em alguns contextos as pessoas recusavam as imagens tipificadas de gênero e raça associadas aos brasileiros, em situações diversas, outros elementos e até mesmo estereótipos eram incorporados em um processo de identificação. Por fim, analiso a dimensão do pertencimento a uma comunidade nacional, indagando de que maneira o vínculo com outros brasileiros era pensado e vivido no contexto da estadia no exterior e qual a noção de comunidade produzida a partir dessas ideias e vivências.

Como venho apontando, uma vez que as identidades se baseiam na distinção entre "nós" e "eles", elas tornam-se mais visíveis em situações de contraste, quando diferentes grupos étnicos ou nacionais se confrontam. Nesses contextos, as pessoas frequentemente recorrem a estereótipos do outro, tendo também que lidar com as imagens tipificadas de si mesmos, apresentadas por outros grupos. Cada grupo reage a esses estereótipos de forma distinta, negando-os ou afirmando-os (Oliveira, 1976), mas, em ambos os casos, há uma negociação dessas imagens no processo de elaboração identitária.

Como modo de generalizar um pequeno número de traços para categorias sociais como um todo, o ato de estereotipar é normalmente caracterizado negativamente, refletindo e reforçando desigualdades sociais. McDonald (1993:221) argumenta que, por muito tempo, os estereótipos eram qualificados teoricamente dessa forma, pois "pareciam revelar a falta de 'contato direto' com as pessoas assim representadas".[26] Representações do outro formadas por outros meios que não pela experiência concreta seriam, portanto, consideradas erradas.

Com uma perspectiva distinta, McDonald (1993:222) argumenta que o recurso a imagens estereotipadas pode resultar da experiência do choque entre categorias de diferentes sistemas classificatórios que entram em contato. Desse desencontro resultaria então um sentido de incerteza e falta de previsibilidade. Esse confronto entre sistemas classificatórios é expresso por discursos disponíveis para compreender a diferença, em geral aqueles que são dominantes, produzindo ao mesmo

---

[26] Minha tradução de: "[they] seemed to betray a lack of 'direct experience' of the people so represented".

tempo categorias importantes para marcar as fronteiras entre nós e eles. McDonald enfatiza que a percepção de diferença, relativa aos mapas sociais e políticos de cada época, ocorre com mais frequência nas margens mais acessíveis. Ao final, argumenta, é essa experiência de desencontro de categorias que gera imagens estereotipadas que se assemelham, independentemente do grupo que pretendem representar.

Uma vez que estereótipos se baseiam na distinção entre "nós" e "eles", eles também criam autoimagens, em particular aquelas relacionadas às identidades nacionais. Se, em termos ideológicos, a cultura nacional precisa de certa uniformidade interna, pressupondo que todos os seus membros compartilhem características fundamentais, as imagens estereotipadas criam justamente tipos homogeneizados como "o brasileiro", "o americano", "o francês" etc. Assim, tornam-se parte do que Herzfeld (1997) chama de intimidade cultural, como apresentei no capítulo 1: os traços de uma identidade cultural que causam autocrítica e até vergonha, mas também produzem o reconhecimento de um pertencimento compartilhado.

Neste sentido, é importante examinar como as pessoas se relacionam com esses estereótipos, identificando-se ou distanciando-se deles, afirmando-os ou criticando-os em contextos variados. McDonald (1993) mostra como a imagem do francês construída pelos ingleses como povo alegre, divertido e sexy foi abraçada pelos franceses e transformada em virtude. Quando os sistemas classificatórios absorvem, pela força ou não, tipificações que vêm de grupos mais poderosos, a ironia pode ser usada como forma de resistência. Os homens de Creta que Herzfeld (1997) estudou recorriam a uma retórica de masculinidade, que no cenário nacional era marginalizada, para manipular alianças políticas locais. No Brasil, Piscitelli (1996) discute como prostitutas no Nordeste tentam negociar alguma ascensão social explorando as imagens de um exotismo "natural" e tropical atribuído pelos turistas estrangeiros brancos a elas como mulheres de cor. Entretanto, como Herzfeld (1997:157) chama a atenção, essas estratégias de resistência ou mesmo subversão frequentemente "oferecem mais satisfação moral do que mudança nas condições materiais valorizadas pelos poderosos".[27]

---

[27] Minha tradução de: "offer[s] more moral satisfaction than change in the material conditions to which the powerful have accorded value".

Torna-se importante, portanto, examinar como cada indivíduo se relaciona com imagens por definição generalizantes e tipificadoras, que não deixam espaço para diferenças e singularidades. Já vimos o desconforto sentido pelos entrevistados com os estereótipos em torno das mulheres e homens brasileiros, bem como a não identificação com a figura tipificada do brasileiro como mestiço. Neste capítulo, mostro como a definição de brasilidade passa em geral por símbolos nacionais e outros estereótipos, havendo uma valorização dela pelas pessoas, mas que não escapa de ser tingida por um sentimento ambivalente.

Para tanto, começo com trechos dos relatos de dois homens e duas mulheres, que viajaram tanto sozinhos quanto em família e que apresento separadamente para depois identificar elementos comuns ao conjunto dos entrevistados. Com essa exposição inicial, procuro mostrar as elaborações individuais de uma construção — a identidade nacional — tida em várias narrativas como homogênea mas que não o é.[28] Se há um imaginário acerca do que significa ser brasileiro, ele é manipulado com alguma variação pelas pessoas, que constroem assim um sentido de pertencimento à nação de modo não tipificado, com características individuais.

Em geral, os depoimentos revelam traços do que Clifford (1998:103) chama de "subjetividade etnográfica", "composta pela observação participante num mundo de 'artefatos culturais' ligado (...) a uma nova concepção de linguagem — ou melhor, linguagens, vista como distintos sistemas de signos". Como forma de subjetividade ocidental desenvolvida no início do século XX, estaria em foco a situação de "estar na cultura e ao mesmo tempo olhar a cultura" (ibid, p. 101), produzindo, portanto, uma perspectiva relativista consciente da arbitrariedade das convenções culturais. Desse modo, nas entrevistas havia sempre uma mescla de depoimentos de experiências pessoais e de considerações analíticas, comparando instituições, costumes, valores e significados culturais.

Assim, a entrevista parecia tornar-se um exercício intelectual no qual a vivência do doutorado no exterior era analisada em muitos momentos de forma mais distanciada. Como a maioria das pessoas era pesquisadora

---

[28] Inspiro-me na problematização feita por Abu-Lughod (1993) em torno das generalizações que obscurecem o fato de que são indivíduos que vivem instituições e valores culturais, e não figuras tipificadas.

da área de humanas, falando para uma antropóloga, muita atenção era dada à análise comparativa de cada sociedade. Apesar das particularidades de cada um, todos os depoimentos foram explícita e espontaneamente comparativos, principalmente ao falarem da experiência na instituição estrangeira e de seu contraste com as vivências no Brasil, apontando aspectos positivos e negativos em ambos os contextos. Percepções sobre especificidades culturais brasileiras, em contraste com aspectos sociais locais, pontuaram constantemente os relatos. Até a descrição de experiências individuais era remetida invariavelmente a comentários sobre o que seriam formas brasileiras de pensar e agir, de modo que alguns entrevistados espontaneamente discutiam um aguçamento ou modificação nas suas percepções sobre a identidade nacional. Em outros, o relato sobre a condição de estrangeiro foi mais frequente e extenso, mas a reflexão sobre identidade nacional, ainda que tenha surgido como resposta à minha questão, era também analiticamente elaborada.

Laura

Laura acreditava que a "noção de identidade ela se reforça, em alguma medida ela se reconstrói, ela se refaz quando você tá fora". Depois comentou que seu marido Pedro não tinha "essas características de brasileiro": não gostava de futebol, de café nem de Carnaval. Mas durante o ano em que viveram em Paris, "ele tinha virado mais brasileiro lá do que aqui... ele defendia as coisas do Brasil como ele não defendia aqui". Laura seguiu dizendo que não só Pedro, mas "a gente sente sim uma outra sensação, de um pertencimento do que que é ser brasileiro, dessa identidade, dessas relações. A gente tinha uma preocupação de não ter contato só com brasileiro, de não virar gueto, mas tinha uma coisa que acontecia real que as pessoas se aproximavam... mas acho sim que tem uma maneira de olhar o país de fora, de olhar o comportamento, de olhar uma série de coisas no comportamento do francês... uma perspectiva muito comparativa, pensar o que é o Brasil, esse contato pessoal, essa relação, essa afetividade...".

Nesta citação da entrevista, Laura respondia à minha indagação se a experiência de estudar e viver no exterior havia mudado sua percepção como brasileira. Como professora da área de ciências humanas, sua resposta começava com uma observação teórica sobre identidade; no caso, a nacional. Alinhada com as discussões recentes sobre o tema, Laura se afastava de uma postura essencialista e tomava a identidade como algo em reconstrução, particularmente nas situações de contraste com outros grupos. Vivendo fora do Brasil, ficava mais "reforçada" a identidade de brasileira, ao mesmo tempo em que ela se refazia pelo contato com os franceses e outros estrangeiros em Paris. Esse comentário teórico era ilustrado pelo que teria acontecido a seu marido. Em Paris, ele tinha "virado" mais brasileiro do que aqui no Brasil. Isto é, longe de ter uma identidade de brasileiro essencializada, ela havia sido "refeita" no exterior, em contraste com outras identidades nacionais.

Mas o próprio uso do verbo "virar" já apontava para a ideia de uma transformação maior, mais do que um simples reforço na identidade. Assim, Pedro não se percebia muito como brasileiro antes de viajar. Tanto é que Laura disse que ele não tinha "características" de brasileiro, como gostar de futebol, café e Carnaval. Aqui ela selecionou como forma de descrição alguns símbolos nacionais, que usualmente fazem parte da construção de uma identidade nacional (Smith, 1997; Verdery, 2000). Laura não recorreu nessa caracterização a outros aspectos culturais como o lugar ocupado pela família no círculo social ou um modo mais personalista de construir relações no espaço público, tradicionalmente associados à sociedade brasileira na literatura de ciências sociais. Assim, para falar da figura tipificada "o brasileiro", Laura mencionou símbolos que construíam uma identidade nacional para o resto do mundo.

Se havia por um lado a percepção de "virar" brasileiro estando na França, existia também a preocupação de não se relacionar apenas com brasileiros. Do contrário, "viraria" um "gueto". A ideia de gueto remetia não apenas a uma homogeneidade nacional/cultural entre as pessoas, mas também ao seu aspecto de minoria segregada e excluída. Pode ser então que Laura fizesse referência implicitamente à dimensão de poder presente na configuração das várias identidades nacionais, ficando a brasileira em posição inferior em relação à francesa, no caso, sem privilégios e até mesmo discriminada. Ou então havia a percepção de que se relacionar apenas com seus conterrâneos não era bom, que fechava o grupo por dentro, impedindo-a de ganhar com o contato com os outros (lembro que, entre os motivos para se estudar fora, estava a chance de conhecer e viver em outra cultura). Esse raciocínio estaria de acordo com uma ideologia brasileira de valorização da mistura entre as pessoas — já famosa com a noção de "democracia racial". De toda maneira, era positivo sentir-se mais brasileiro com o cuidado de não cometer exageros.

No fim dessa citação, Laura comentou o olhar comparativo que se instaurava estando na posição de brasileira em Paris. Ficavam realçadas, nessa situação contrastiva, as diferentes maneiras de se comportar atribuídas ao "francês" — figura típica — e do Brasil — tratado como nação mais uniforme e homogênea do que é. O contraste funcionava então de modo a construir delineações de tipos nacionais, ainda que em outros momentos do relato Laura enfatizasse o fascínio e identificação com vários aspectos da cultura francesa.

Por fim, é curioso notar que em todo esse trecho de resposta à minha questão, Laura não fizesse uso da primeira pessoa do singular. Ela alternava entre o coletivo "a gente" que a inclui, mas também generaliza sensações, e entre "você", produzindo um distanciamento, via a terceira pessoa, de suas considerações. Mais ainda, para ilustrar seu comentário analítico inicial, ela recorreu ao marido e não a si própria. Fica então um efeito paradoxal nesse trecho: ao mesmo tempo que a identidade brasileira se reforçaria e mesmo se produziria no contraste, ao estar em outro país, parecia não se colar efetivamente à subjetividade.

Marcos

Marcos respondeu à minha pergunta sobre se a experiência de viver fora do país mudou a forma como se percebia como brasileiro do seguinte modo: "bom, mudou, porque brasileiro eu acho que você identifica muito facilmente. Na época eu identificava... o cara não precisa falar uma palavra. Você vê o cara andando, você sabia que era... é o jeito de andar, de postura, assim meio largado, é uma coisa muito típica pelo menos de uma parte do Brasil... então me perceber como brasileiro, na verdade foi a primeira vez que aconteceu porque eu nunca tinha saído do Brasil. Então foi um choque... as pessoas têm formas de se comportar diferentes, não só os ingleses mas as outras nacionalidades, as pessoas se comportam diferente de mim!... Você sabe disso mas você viver isso é uma coisa muito... assusta inclusive um pouco".

> Marcos depois comentou a dificuldade de lidar com estereótipos negativos "que são jogados pra cima de você", quando em uma "situação de desvantagem" de ser brasileiro na Europa. "Se você [os] reconhece, pode ser doloroso. Se você não [os] reconhece, pode ser muito doloroso." Ele se dizia uma pessoa com uma identidade muito "fragmentada". "Nunca admiti que falassem mal, mas nunca tive essa coisa 'Brasil, Brasil'... Tem gente que vai viver... fica quase que só vivendo entre os brasileiros. Eu fiz um esforço grande pra circular... Por outro lado nunca fiz nenhum esforço de assimilar, nunca quis isso. Sempre me senti como diferente naquela sociedade e às vezes até usava isso... Nesse sentido eu me sentia muito assim no espaço, nem inglês, nem brasileiro, nem querendo me assimilar, nem querendo viver como brasileiro típico."

Assim como Laura, Marcos percebeu uma mudança na sua forma de pensar a identidade nacional. Sua resposta começou pela referência aos outros brasileiros, facilmente identificáveis por ele, para somente depois remeter às suas próprias sensações. Também como Laura, Marcos desenvolveu sua resposta de forma comparativa, contrastando sua percepção dos ingleses com o que passou a perceber dos brasileiros.

Marcos também se percebeu como brasileiro pela primeira vez nesse período em que viveu na Inglaterra. Para ele, isso não havia acontecido antes porque nunca havia viajado para fora do Brasil até então. De forma bastante explícita, portanto, a percepção de ser brasileiro só aconteceria estando fora do país, em contraste com outras formas de se comportar e outras identidades nacionais. Dentro do Brasil, a identidade de brasileiro não se produziria.

De forma distinta de Laura, Marcos não recorreu a símbolos nacionais para falar de como via os brasileiros. Essa identificação passava por formas de se comportar — ele destacava principalmente uma postura corporal — que seriam distintas para cada nacionalidade. Defrontar-se com essas diferenças foi um choque, como se antes houvesse a expectativa de encontrar mais semelhanças do que de fato ocorreu, conforme já discuti no capítulo anterior.

A percepção das diferentes formas nacionais de se comportar não apenas chocara Marcos inicialmente como também havia sido difícil de lidar. Ele explicitou a dificuldade de ver-se como um diferente "em desvantagem", por causa dos estereótipos negativos locais sobre os brasileiros. Ver-se como brasileiro pela primeira vez por meio de imagens negativas tornava-se uma experiência dolorosa, que podia explicar a produção de uma identidade "fragmentada" da qual Marcos falava. Não era um inglês nem queria "assimilar" aspectos da sociedade inglesa e, portanto, defendia o Brasil de críticas. Mas também não se sentia "o brasileiro típico" que exaltava seu país, nem queria viver apenas entre brasileiros. Parecia então ficar sem escolhas: sentia-se "no espaço", nem inglês, nem brasileiro.

Renato

Renato achava que a experiência de fazer doutorado nos Estados Unidos tinha modificado sua visão do Brasil. "Você vê a sua identidade melhor, né, funciona como um espelho, como um jogo de espelhos. É você vendo o outro que você se percebe também... eu costumo dizer que a gente fica mais brasileiro quando tá lá fora, a minha experiência mostrava isso. Você começa a ver alguns dos hábitos comuns que não nos permitem que a gente se veja, então você começa a descobrir isso, como é que a gente tem os nossos preconceitos internalizados que nós não vemos, aquele racismo... Nesse sentido, esses detalhes são importantes, como eu acho que a gente fica mais crítico em relação àquela realidade... à sociedade americana."

Ele compara sua ambientação nos Estados Unidos, cuja facilidade ele atribuía ao fato de já ter morado fora, à de outros amigos brasileiros, que teriam uma "resistência a incorporar a cultura [americana]". Estes formavam uma comunidade, "como uma espécie de grande família" que se reunia, fazia festas de Natal, feijoada, "esse tipo de coisa".

Nesta passagem, Renato comentou aspectos — o olhar comparativo e o reforço ou a visibilidade da identidade brasileira no exterior — igualmente discutidos por Laura e Marcos. Mas, de forma distinta, não explicou o que seria essa identidade brasileira que se torna mais visível. Não há nenhuma referência nem a comportamentos característicos nem a símbolos nacionais. A única menção indireta a estes últimos apareceu quando falou de seus amigos brasileiros, que tinham dificuldade de se adaptar à cultura americana e viviam em uma comunidade de brasileiros, fazendo feijoada. Além disso, Renato descreveu esse novo olhar como crítico, tanto em relação à sociedade americana quanto à brasileira. Assim, ele escolheu enfatizar os "nossos" preconceitos, a "nossa" forma de racismo que só seria percebida de longe, em contraste com o contexto americano que teria outros problemas como, na sua visão, a forma de se relacionar com as crianças e os idosos.

A resposta de Renato chama a atenção também pelo tom coletivo e às vezes distanciado que usou. Renato em nenhum momento usou a primeira pessoa do singular para falar de si. Deslocando-se para a terceira pessoa "você", generalizava suas percepções, ao mesmo tempo que as impessoalizava. Ou então recorria à primeira pessoa do plural ou ao coletivo "a gente", ampliando para todos a percepção de uma identidade mais forte e de um olhar crítico mais aguçado. Se sua experiência pessoal mostra isso, como ele afirma de início, não é a ela que ele se refere no restante deste trecho. O resultado desse uso da sintaxe é semelhante ao efeito produzido na fala de Laura: se haveria uma identidade brasileira que Renato tornava ampla e inclusiva, parecia não remeter à *sua* subjetividade.

Andréa

Andréa disse que voltou de seu doutorado na Inglaterra "uma pessoa mais brasileira do que eu era, não patriota. Mais brasileira no sentido de uma pessoa mais consciente da sua brasilidade. Eu me percebi o quanto eu era brasileira num monte de coisas, pelo comportamento muito semelhante ao que os meus conterrâneos tinham, embora não tivessem nada em comum comigo... Tem coisa em comum porque a gente é brasileiro, ponto, mais nada. E aí eu não tou só falando da coisa pitoresca... porque eu acho que as pessoas também viam a gente lá 'brasileiro gosta de festa e tal'. Não é por aí, é pela afetividade, isso pra mim foi muito importante como é que eu descobri e eu inclusive nem sou uma pessoa muito afetiva, eu era afetiva em comparação com o resto... Então eu acho que isso rolou muito, uma satisfação grande em relação a isso. Eu comecei a valorizar mais alguns componentes do que é a cultura brasileira e a ser mais crítica com relação a outros, aprender um pouco com a comparação".

Andréa explicou melhor que as afinidades que existiam entre ela e outros brasileiros em função de virem do Brasil poderiam fazer uma primeira aproximação entre eles, mas não garantiam continuidade da relação. Fez amigos brasileiros lá, como também deixou de fazer com aqueles que eram muito diferentes dela. "Enfim, só por ser brasileira não constituiu amizade."

Em contraste com Renato, Andréa não generalizou sua experiência. Usando todo o tempo o sujeito na primeira pessoa do singular, particularizou suas descobertas e percepções, que, longe de serem únicas, repetiam elementos já apontados por Laura, Marcos e Renato, como a valorização e também a crítica do que seriam características culturais brasileiras por meio de um olhar comparativo. Neste sentido, Andréa construiu sua resposta como outras mulheres entrevistadas, que, com exceção de Laura, distinguiam-se dos homens pelo uso constante do "eu" como sujeito, sugerindo uma tendência do gênero feminino de subjetivar mais seus depoimentos, em contraste com o tom mais generalizante, distanciado e — quiçá — objetivo dos homens.[29]

Como outros, Andréa também percebeu "sua brasilidade" nesse período. Essa percepção teria surgido tanto do reconhecimento de traços em comum com outros brasileiros como também do diálogo com imagens existentes entre os ingleses. Destacou assim a afetividade como característica marcante, contrapartida de uma visão inglesa de que "todo brasileiro gosta de festa". Aqui, além da dimensão contrastiva, fica nítida a negociação de significados em torno das imagens sobre os brasileiros — como eles próprios lidavam com elas naquele contexto e como eles as negociavam com os ingleses — que faz parte do processo de elaborar identidades.

Nesta passagem, há uma tensão entre a ideia de traços já existentes que foram "percebidos", tornados "conscientes", e a noção de uma caracterização que se forma naquele contexto particular — estar no estrangeiro. Assim, a afetividade foi um traço que se colocou para Andréa na Inglaterra, pois até então ela não se via como pessoa afetuosa. Foi por contraste

---

[29] De fato, em vários outros momentos dos depoimentos, as mulheres construíam seus relatos de forma mais pessoalizada, focalizando em suas experiências e sensações, enquanto os homens tendiam mais frequentemente a elaborar análises mais distanciadas sobre a situação de ser um estudante estrangeiro.

aos ingleses com quem convivia, bem como no contato com outros brasileiros lá, que a afetividade passou a ser uma característica sua, vista não como marca pessoal, mas como indício de sua "brasilidade".

Contudo, se Andréa reconhecia compartilhar formas semelhantes de comportamento com outros brasileiros, isso não era garantia de relação entre eles. Aqui ter em comum uma identidade brasileira parecia tornar-se um aspecto menor na aproximação das pessoas, principalmente na construção de relações de amizade. Se não houvesse "mais nada" em termos de afinidade, ser brasileiro não seria forte o suficiente para sustentar relações entre eles.

É por isso talvez que Andréa afirmasse que tomar "consciência" de sua brasilidade não era o mesmo que ser patriota. Como sentimento de adesão e exaltação da pátria, o patriotismo não condizia com a ideia de que ver-se como brasileiro não era motivo para unir as pessoas. Ou seja, pensar sua "brasilidade" implicava apenas o reconhecimento de formas de comportamento culturalmente construídas, sem ser um elemento que promovesse um sentimento de comunidade, de pertencimento a uma nação.

Identidade brasileira e estereótipos

Esses segmentos de entrevistas falam de histórias e experiências individuais de estudar e viver no exterior. São também formas particulares de interpretar e manipular significados culturalmente construídos e assim compartilhados em torno do que seria uma identidade brasileira. Destaco alguns temas que aparecem nesses relatos, escolhidos por apresentarem de modo mais nítido aspectos que figuram no conjunto das entrevistas. Discuto também como alguns desses pontos se aproximam ou se distanciam das análises sobre migrantes brasileiros no exterior.

O primeiro tema seria a caracterização da identidade brasileira. Ao falarem de suas experiências e percepções no exterior, quase todos se referiram àqueles traços vistos como típicos ou então culturalmente construídos: futebol, café, Carnaval, afetividade e postura corporal, entre outros. Variavam as formas de caracterização que ora criavam figuras típicas, ora delineavam valores e comportamentos culturalmente compartilhados. O uso de estereótipos, tanto para falar do brasileiro quanto dos locais (o americano, o inglês, o francês), era, portanto, corrente.

Na comparação com outros estudos sobre brasileiros no exterior, o recurso a esses símbolos nacionais, de forma estereotipada, é frequente entre migrantes nos Estados Unidos, na Europa e no Japão. É interessante destacar o significado que a comida brasileira assume tanto nessa literatura quanto para as pessoas entrevistadas. A valorização de bebidas como café e cachaça bem como do feijão, do pão de queijo e outros pratos típicos acentuava a percepção de ser "mais" brasileiro no exterior.[30] Alguns entrevistados mencionaram as feijoadas e os churrascos frequentes que agregavam os amigos brasileiros. Em torno da comida, construía-se a sensação de falta e de distância de "casa" (Oliveira, 1999) e os cenários de sociabilidade que permitiam a elaboração de uma identidade brasileira (Ribeiro, 1999).

Em segundo lugar, essa identidade seria reconstruída nesse período fora do Brasil. Como reconstrução, a identidade brasileira era reforçada, tornada visível ou consciente. Como construção, virava-se brasileiro apenas fora do Brasil. Havia, portanto, quanto a essa questão, uma tensão entre a visão de uma identidade já existente que seria realçada no exterior e a noção de uma identidade que efetivamente se fazia apenas nessa situação. Muitos destacaram o quanto se viam, antes da viagem, como tendo uma identidade mais cosmopolita do que especificamente brasileira. Esta poderia refletir um estilo de vida das camadas médias urbanas intelectualizadas que, em um exemplo dado por Velho (1981), poderiam se identificar mais com colegas estrangeiros do que com brasileiros de outros segmentos sociais. Alguns entrevistados discutiram a surpresa de o Brasil não ser visto na sociedade local como parte do Ocidente, colocando em questão uma percepção anterior que tinham de si como ocidentais. Paradoxalmente, ganharam um novo olhar, agora sim cosmopolita, que via a posição do Brasil no mundo de um modo distinto de antes. Assim sendo, tornar-se brasileiro no exterior seria vivido como uma experiência nova, causando inclusive choque e espanto para alguns.[31]

---

[30] Rial (2005) mostra um caso extremo no qual jogadores brasileiros na Espanha levam não só comida brasileira, mas também cozinheiras de suas cidades de origem.

[31] Oliveira (2000) comenta um caso semelhante de uma professora uruguaia que se sente "deslocada" na categoria "hispânica" nos Estados Unidos, por perceber-se com uma identidade cosmopolita difícil de ser enquadrada nos termos de uma nacionalidade uruguaia.

De forma semelhante, encontramos nos estudos de brasileiros em Portugal (Torresan, 2004) e Japão (Sasaki, 1999; Oliveira, 1999) dois casos nos quais os migrantes perceberiam sua "brasilidade" no exterior. Os imigrantes brasileiros *nikkeis* iam ao Japão com a ideia de um retorno à terra ancestral (Sasaki, 1999), como pessoas que no Brasil eram identificados como japoneses (Oliveira, 1999). No entanto, descobriam-se brasileiros no Japão, passando a valorizar hábitos corporais e de alimentação e formas de se relacionar que seriam brasileiras e criticando os japoneses nesse processo. Já os brasileiros de camadas médias que migraram para Portugal, assim como os entrevistados, também se percebiam brasileiros lá, aumentando e reforçando a percepção de diferença em relação aos locais (Torresan, 2004). Mas diferentemente destes, que se sentiam superiores e mais modernos do que os portugueses, as pessoas estudadas desenvolviam uma identidade mais localizada, menos cosmopolita, e mais problematizada em função das imagens ambíguas encontradas no exterior.

Seria então em função da comparação e do contraste com a sociedade local que se reconstruía essa identidade brasileira, outro ponto presente nos depoimentos. Nessa perspectiva comparativa, era dado destaque ao contexto, à inserção temporária em uma sociedade estrangeira — europeia ou americana, com relações de poder definidas para com o Brasil, que produzia discrepância de status em vários níveis, como já discuti. Nos trechos analisados neste capítulo, estava em questão uma reelaboração da visão do brasileiro, de modo mais amplo, em função das autoimagens trazidas do Brasil, das imagens encontradas sobre os brasileiros e também das imagens construídas sobre a sociedade local. Em cada lugar, esse jogo de imagens era particular, mas havia também elementos comuns a todas as situações, como a recorrência aos estereótipos. Na maioria das vezes, encontravam-se nesses países imagens dos brasileiros que incomodavam — como as imagens de gênero discutidas no capítulo anterior ou a percepção do brasileiro como estrangeiro de Terceiro Mundo ou menos cosmopolita do que se achava. O diálogo com as imagens encontradas, mesmo que tipificadas, tornava-se assim parte importante do processo de pensar essa identidade brasileira.

Neste sentido, destaco como os estereótipos são significativos na análise da formação de subjetividades nacionais. Como elementos do processo de construção de identidades, devem ser considerados nos contextos em que são empregados e em termos das várias relações de poder que os constituem, tanto internos quanto externos à sociedade em questão. Como apontei no início do capítulo, o processo de tipificação de grupos de pessoas — organizadas por divisões de classe, religião, etnicidade ou nacionalidade — é em si mesmo permeado por relações de poder, que com frequência resultam e reforçam hierarquias sociais e políticas. Nas palavras de Herzfeld (1997:157), o ato de estereotipar é "uma arma discursiva de poder. Ele faz algo, algo que é pérfido: ativamente priva o 'outro' de certa propriedade (...)".[32] Além disso, essas relações de poder são raramente baseadas em ligações inequívocas de dominação ou submissão, sendo mais geralmente marcadas por ambivalência e formas de negociação e ressignificação. Portanto, no caso analisado aqui, os estereótipos eram empregados para dar sentido à experiência de ser brasileiro nos contextos específicos de ser um estudante estrangeiro nos Estados Unidos e na Europa, durante a qual entrava em questão uma série de imagens atreladas às relações coloniais.

Identidade, pertencimento e comunidade

Se a identidade brasileira estava em foco nessa experiência de estudar no exterior, isso não implicava, contudo, que os entrevistados desejassem buscar relações apenas com seus conterrâneos. A restrição a um círculo social composto apenas por outros brasileiros era constante nos depoimentos, bem como o desejo e as tentativas de fazerem amizade com os locais, como mostro no próximo capítulo.

Entretanto, é preciso apontar o fato de que todos tiveram amigos brasileiros nesse período; e em sua maioria eram relações já estabelecidas no Brasil ou então amizades feitas com outros estudantes. Se em geral as universidades auxiliavam na acomodação, oferecendo moradia e outros serviços de apoio, os amigos brasileiros eram também muito presentes, oferecendo suporte prático e emocional (nos momentos de chegada

---

[32] Minha tradução de: [the act of stereotyping] "is a discursive weapon of power. It does something, and something very insidious: it actively deprives the 'other' of a certain property".

e em situações de doença, principalmente), mais do que a sociabilidade ou uma identificação como brasileiros. O significado dessas amizades era demonstrado pelo fato de que eles ainda mantinham contato após o retorno do doutorado, apesar da distância no caso dos que não eram do Rio de Janeiro ou dos estrangeiros, ponto que faziam questão de enfatizar.

Apesar dessas amizades, as pessoas entrevistadas não viviam em comunidades de brasileiros e faziam ressalvas a uma interação mais próxima, fossem eles outros estudantes ou imigrantes. Podia ser para não parecer um gueto, com suas conotações exclusivistas que vão contra uma ideologia da mistura e da inclusão disseminada na sociedade brasileira. Podia ser também expressão do sentimento de que ser brasileiro não era afinidade forte o suficiente para aproximar pessoas que não tivessem outras semelhanças, como estilo de vida ou mesmo origem social, traço das amizades que haviam sido formadas no Brasil, quando a identidade de brasileiro não estava em questão. Podia ser também, como analisarei adiante, reflexo de um desejo de se integrar mais na sociedade onde moravam.

Nesse sentido, a preocupação dessas pessoas em não restringir sua rede de sociabilidade aos seus próprios pares distinguia-se da maioria dos relatos sobre brasileiros no exterior, que tinham em outros brasileiros o foco de seus círculos sociais. Seja em termos de uma sociabilidade mais ampla (Margolis, 1998; Torresan, 1994) ou com objetivos específicos, como a organização de uma imprensa brasileira local, campeonatos de futebol (Ribeiro, 1999) ou a participação em comunidades religiosas (Martes, 1999), esses migrantes buscam ativamente a companhia de seus conterrâneos. A exceção parece estar entre os brasileiros estudados por Torresan (2004) em Portugal. Ao chegarem a Lisboa, se apoiavam mutuamente em redes, principalmente para conseguir bons empregos, mas também evitavam viver em "guetos". Embora ter amigos portugueses fosse difícil pela diferença de códigos culturais, consegui-los revelava que possuíam os recursos materiais e pessoais para serem aceitos na comunidade local e que seu status de classe média era reconhecido (Torresan, 2004:131).

Na verdade, o sentimento de ser brasileiro suscitava alguma ambivalência para os entrevistados. A evitação da primeira pessoa do singular nos relatos de Laura e Renato produzia a sensação de que brasileiros eram os outros, mas não tanto aquele que falava, fato muito semelhante ao que discuti no capítulo 2 em relação a alguns textos clássicos do pensamento social brasileiro. A fragmentação da identidade ocorrida no contraste com os outros estrangeiros suspendia, no caso de Marcos, a identidade brasileira, deixando-o "no espaço". Andréa sentia satisfação em perceber a sua "brasilidade", mas isso não a tornava "patriota". Se a identidade brasileira ganhava destaque para todos, reconhecer-se subjetivamente como tal surpreendia-os e tornava-se mesmo difícil para alguns. Parecia não ser traduzida nos termos tradicionais de pertencimento, de uma liga capaz de fazê-los sentir-se parte de uma mesma comunidade-nação.

Como pensar então esse sentimento de pertencimento? Conforme discuti no capítulo 1, entre os vários pontos de disputa sobre a questão nacional, há alguns consensos sobre a noção de identidade nacional que se referem à sua qualidade como modo de identificação que une pessoas em torno de traços e de um pertencimento comuns. A própria ideia de nação tem sido distinguida da noção de Estado — o aparato político e administrativo, cuja forma é moderna — por enfatizar o aspecto de pertencimento a uma comunidade territorial, simbolizado muitas vezes por uma mesma língua, cultura e história, vistas como compartilhadas e às vezes essencializadas (Smith, 1997; Habermas, 2000; Guiberneau, 1997). A expressão de Anderson (1991), já citada, da nação como "comunidade imaginada" destaca justamente esse aspecto de conexão entre pessoas na forma de uma comunidade, a despeito de desigualdades e diferenciações existentes.

Entretanto, alguns autores apontam que o conceito de comunidade como uma formação social particular reflete mais um ideal social do que a prática das relações sociais. Bauman (2003:10) sugere que as qualidades tradicionalmente associadas à noção de comunidade — aconchego, segurança, conhecimento e apoio mútuos — sempre tiveram um caráter idealizado, de que algo foi do passado ou ainda está no futuro. De forma semelhante, Amit (2002) destaca que a visão de uma unidade limitada e dotada de relativa coesão social ganhou força em contraste com a heterogeneidade dos grandes centros urbanos, que se tornaram foco de estudo na antropologia a partir da década de 1950.

Mais recentemente, o conceito de comunidade vem sendo repensado para se ajustar à variedade de formações sociais contemporâneas, nas quais fronteiras definidas e interações face a face nem sempre são características presentes. Bauman (2003:65) discute formas distintas de comunidade que substituíram a antiga ideia de uma comunidade natural, cujo pertencimento era pensado de forma evidente e tácita. Atualmente, a valorização da liberdade de escolha cria outros tipos de comunidades, como as estéticas, construídas em torno de celebridades ou eventos da indústria do entretenimento. Estas tendem a ser dinâmicas e marcadas pela incerteza e não permanência, porém deixam de oferecer aos indivíduos a segurança de vínculos mais duradouros. Esta última será a base de algumas formações de comunidades, como as fundamentalistas, que, por sua vez, retiram do sujeito sua liberdade. Na modernidade ocidental, viver em comunidade torna-se então, segundo Bauman, resultado de escolhas distintas e caracterizado pela tensão inescapável entre liberdade e segurança.

Na literatura antropológica recente, Amit (2002) aponta um deslocamento nítido do tratamento da comunidade como forma social vivida para a ênfase na comunidade como ideia ou qualidade de sociabilidade. A elaboração simbólica ou conceitual da comunidade vem se tornando mais significativa do que suas fronteiras estruturais. Neste sentido, a base dessa nova concepção reside principalmente em uma noção de identidade coletiva, mais do que no componente interacional, de forma que as reivindicações em torno de comunidades vêm a ser principalmente demandas de engajamento social (Amit, 2002:10). Entretanto, apesar dessas mudanças, as emoções atribuídas a esses vínculos coletivos não desapareceram. Amit (2002:18) argumenta que "o impacto emotivo da comunidade, a capacidade de empatia e afinidade surgem não apenas de uma comunidade imaginada, mas também da interação dinâmica entre sua concepção e as relações e práticas sociais limitadas e concretas através das quais se realiza".[33]

Assim, os relatos analisados aqui sugerem um sentido de comunidade no qual o reconhecimento de traços que seriam característicos dos brasileiros é importante e significativo para essas pessoas. Ainda que esse reconhecimento não promovesse necessariamente novas ligações ou interações entre elas e outros brasileiros no país em que estavam, tornava-se

---

[33] Minha tradução de: "the emotive impact of community, the capacity for empathy and affinity, arise not just out of an imagined community, but in the dynamic interaction between the concept and the actual and limited social relations and practices through which it is realized".

uma forma de identificação pessoal e coletiva, no sentido mais atual da noção de comunidade discutida por Amit.

Como afirma Anderson (1991), as nações se distinguem por seu estilo de imaginar comunidade e, mais, pelo que elas tomam umas às outras como referência ou contraste. O país colonizado, argumenta Chatterjee (1993:5), teria uma liberdade de imaginação limitada, uma vez que as formas "modulares" de nacionalismo, pautadas principalmente no Estado moderno fundado na racionalidade capitalista, seriam europeias. Uma consequência disso é que as imaginações nacionalistas na Ásia e na África são elaboradas em torno da distinção — e não da identidade — em relação às formas "modulares" do Ocidente moderno.

Voltando então às entrevistas, encontramos com certeza o traço da distinção — e mesmo valorização — de uma "brasilidade" em relação às sociedades em que viveram. Mas encontramos também uma ambivalência nesse sentido de pertencimento. Já discuti no capítulo anterior como as pessoas reagiam às imagens de gênero e de raça, distanciando-se de uma identificação com elas. Neste capítulo, mostrei como os entrevistados falaram em uma maior valorização do que eles viam como características brasileiras, e como também adquiriram uma visão mais crítica do Brasil, cujo melhor exemplo está na fala de Renato — generalizante e impessoal ao mesmo tempo. Parece assim que as imagens dessas sociedades são norteadoras das identidades construídas, criando um estilo de imaginação a meio caminho entre a semelhança e a diferença do chamado Ocidente moderno. O modo como as pessoas lidavam com o estereótipo do brasileiro emotivo, que analiso a seguir, demonstrava com clareza o processo de ressignificar ideias e imagens do pensamento ocidental moderno mais amplo e incorporá-las a suas elaborações de identidade nacional.

5

As emoções em torno do "brasileiro emotivo"

Neste capítulo, examino a relação das pessoas estudadas com uma dimensão específica da identidade nacional — a representação do brasileiro como figura emotiva. No capítulo 2, discuti como essa imagem foi elaborada em três textos clássicos do pensamento social brasileiro, narrativas fundamentais na construção de identidade nacional na década de 1930. Agora, analiso como os entrevistados se relacionavam com a ideia de que "o brasileiro é mais quente e mais aberto" e assim faz amizade com "facilidade". Desse modo, falar sobre essa imagem de emotividade implicava pensar as experiências de amizade no exterior.

Em meus estudos anteriores (Rezende, 2001 e 2002), mostrei que, entre pessoas das camadas médias cariocas, a amizade era vista tanto como sentimento quanto como relação. Essa dimensão afetiva cruzaria fronteiras sociais, sendo em muito responsável pela ideia de que os brasileiros são "abertos" e fazem amigos com "facilidade". Para as pessoas que estudaram no exterior, essa imagem coletiva tornou-se uma questão delicada, pois a maioria teve dificuldades em fazer amigos da sociedade local. Fonte de muita frustração e foco de elaboração em seus depoimentos, este problema enfatizava, mais uma vez, o fato de eles serem vistos como mais diferentes dos europeus e americanos do que pensavam até então.

Busco, portanto, compreender a relação das pessoas estudadas com esse estereótipo do brasileiro e seus efeitos sobre uma elaboração subjetiva da identidade nacional. Até que ponto essa associação entre fazer amizade e uma "brasilidade" conforma um sentido subjacente de pertencimento à nação? Como lidaram com a imagem do brasileiro emotivo no contexto específico de serem estrangeiros nos Estados Unidos e na Europa? Para compreender as tensões desse processo, irei me deter também nos sentimentos expressos ao longo dos depoimentos, revelando assim o caráter afetivo da experiência de ser um estrangeiro brasileiro.

As emoções são, portanto, um dos temas centrais dessa discussão. Apresentei brevemente no capítulo 2 o caráter dos sentimentos como construções culturais e gostaria aqui de refletir sobre algumas implicações teórico-metodológicas desse argumento. As emoções vêm sendo tratadas como fenômenos sociais desde os trabalhos clássicos de Durkheim (1971) e Mauss (1980), nos quais se destacava o caráter obrigatório da expressão de certos sentimentos em situações sociais específicas, como o luto. Como Mauss afirmou, essa obrigatoriedade vem tanto das convenções coletivas que a exigem quanto do fato básico de que essas manifestações são uma linguagem — "signos de expressões compreendidas" (Mauss, 1983:62). É por meio dessa linguagem — ao mesmo tempo simbólica e cultural — que "as pessoas manifestam seus sentimentos para si próprias ao exprimi-los para os outros e por conta dos outros" (ibid).

Essa percepção da emoção como construção simbólica volta a ser destacada na década de 1980. A maior parte dos estudos antropológicos (Abu-Lughod, 1986; Lutz, 1988; Rosaldo, 1980) desse período focalizava a análise dos significados de várias categorias emotivas particulares a sociedades distintas, questionando a existência de uma base psicobiológica dos sentimentos e, consequentemente, sua universalidade. Ao buscar relativizar o sentido e mesmo a presença de várias categorias emotivas, esses trabalhos refletiam também sobre as noções ocidentais de emoção e de pessoa. Concluíam enfatizando a articulação entre emoção e concepções de pessoa, moralidade, estrutura social e relações de poder.

Mais recentemente, a atenção tem-se voltado para o modo como essas categorias emotivas são empregadas no discurso, com ênfase em sua perfomance e seus efeitos na vida social. Segundo a proposta de Abu-Lughod e Lutz (1990:11), "ao invés de vê-los como veículos de expressão, devemos entender os discursos emotivos como atos pragmáticos e encenações comunicativas".[34] Por meio dessa abordagem, o foco recai sobre o contexto no qual os discursos emotivos são acionados, em particular as relações de poder que produzem significados e realidades contestadas. Nessa visão, emoção e discurso tornam-se, portanto, variáveis indissociáveis, rejeitando concepções que localizam a emoção em um mundo interior e particular da experiência e o discurso no domínio público. Ou seja, deixa-se de hierarquizar o sentimento como mais importante do que sua expressão. Como uma forma de ação social que tem efeitos sobre o mundo, o discurso emotivo revela as negociações da realidade e jogos de poder que constituem não apenas as relações sociais, mas também a própria subjetividade. Ao tomar as emoções como categorias que acionam comportamentos emotivos torna-se fundamental para sua análise considerar seu contexto de referência — quem, quando, como e para quem se utilizam tais categorias.

Então, está em foco aqui o modo como as emoções estão presentes na experiência de ser estrangeiro e de se ver brasileiro, questão que é ao mesmo tempo específica aos brasileiros pela figura emblemática do brasileiro emotivo, e geral às identidades nacionais. Smith (1997) discute a importância dos sentimentos na construção das identidades nacionais. Assim como as narrativas que buscam criar uma visão de cultura e comunidade homogêneas — pelo recurso a tradições, histórias e línguas, por exemplo —, os sentimentos fazem parte do processo de elaboração de um vínculo de pertencimento e também de uma subjetividade nacional (Verdery, 2000). Portanto, a análise das emoções implicadas nesse processo ilumina não só como se constrói essa identidade, mas também as tensões e negociações que pontuam o jogo entre identidades e alteridades.

Fazer amigos e sentir-se brasileiro

Durante seus anos na Inglaterra, Andréa contou com amigos brasileiros e alemães, mas não ingleses. Como foi à Alemanha algumas vezes, teve algum contato com a vida lá. Mesmo assim, ela relata:

---

[34] Minha tradução de: "rather than seeing them as expressive vehicles, we must understand emotional discourses as pragmatic acts and communicative performances".

eu testemunhei de fora o modo de vida dos ingleses, dos alemães (...) mas eu não participei, eu não fiz parte disso, eu não me enfronhei nisso (...) Na Inglaterra, eu sentia que eu tava olhando todo mundo da vitrine porque ninguém tinha me convidado para entrar. Eu continuava espectadora... mas foi legal, isso foi muito interessante.

Teresa também falou na dificuldade de fazer amizade com os americanos, muito em função de trabalhar dentro de casa na maior parte do tempo. Ela comentou que foi ficando "estressada" porque via que o marido e os filhos

já estavam mais adaptados... eu via que eles tinham amigos e já começavam a me achar um pouco estranha, sabe? Eu era a pessoa que ainda falava o pior inglês da casa, que ficava em casa, que não consegui fazer amizades. Eles faziam, as crianças tinham amigos muito legais.

Ela conseguiu fazer amizade com outros estrangeiros nos Estados Unidos. A dificuldade com os americanos, para ela, não se devia tanto "por ser brasileira não. Por exemplo, com esses holandeses, a gente tinha uma identidade, compartilhava muita coisa, né? Então eu acho que não é ser brasileiro... mas eu acho que passa também...". Teresa disse que sua percepção como brasileira mudou "demais".

Eu comecei a ser brasileira lá. Mudou demais, você quer ver? Eu não tomava café. Eu detestava café. Eu comecei a tomar café lá. Algumas coisas assim, você começa a perceber mais essas coisas, um certo estranhamento do Brasil, isso acontece depois... Quando eu cheguei nos Estados Unidos, eu vi que religião, Carnaval, várias coisas que a gente tem como dado aqui, não são dados, são coisas que te distinguem deles...

Por sua vez, Marcelo achava que sua única dificuldade durante o doutorado na Bélgica foi não ter feito tantos amigos belgas quanto gostaria.

Seria mais fácil atribuir isso ao caráter fechado do belga, não sei o que e tal... mas é que eu sou uma pessoa tão espontânea, tão fácil de fazer amigos, que eu tenho mesmo que achar que isso é um aspecto negativo... eu não sei se do

*europeu em geral... eu acho que talvez por preservar essas liberdades demo-
cráticas... esse é o preço que se paga muitas vezes, esse sentido de sociedade em
oposição à comunidade e tal, talvez o aspecto negativo seja isso: é uma percepção de um individualismo muito grande que às vezes dificultou pra mim
assim um pouco isso, a criação de encontros, que eu gosto muito de estar com
as pessoas, enfim.*

Marcelo disse que o doutorado na Bélgica lhe deu um certo "nacionalismo qualificado": "dependendo da hora e do ambiente, você podia ver
em mim uma espécie de nacionalista exacerbado e também aquele liberal
formal que vê com distância objetiva a sua cultura e tal".

Silvia viveu uma experiência distinta dos demais: no seu curso de
doutorado na França, não havia brasileiros. Desde o início, formou-se um
"grupo muito unido de 15 pessoas", francesas e estrangeiras. Desse grupo, Silvia ainda guarda alguns grandes amigos que ela visita quando vai
à França. Segundo ela, em outras universidades francesas, nas quais não
há estrutura de turmas, como foi no seu curso, os brasileiros acabam se
agrupando entre os latinos. Além disso, Silvia preferiu não se aproximar
de outros brasileiros, além dos amigos já conhecidos do Brasil.

*Eu fingia que eu não era brasileira para não entrar na rede dos brasileiros (...)
Porque eu queria fazer campo lá e eu precisava falar francês, eu não falava
nada. (...) Então eu precisava melhorar o meu francês e o grupo de brasileiros
lá vivia em feijoada, churrasco (...) Uns que souberam me chamaram de anti-
pática, nojenta, pretensiosa, mas eu precisava disso.*

Silvia não achou que a experiência de viver fora do Brasil afetou o
modo como ela se pensava como brasileira. Afetou sim como ela pensava
"nossa cultura, a nossa maneira, né, e colocar em questão mesmo várias
situações, essa de você falar pegando (...) quando eu voltei, eu tinha uma
postura mais francesa, porque eu sentia que isso deveria incomodar".

De modo geral, a criação de laços de amizade com pessoas da sociedade local foi uma dificuldade para muitos. Apesar do desejo de conhecer
e viver em uma outra cultura, poucos conseguiram a inserção social à qual
aspiravam, restringindo-se basicamente aos círculos sociais da universidade. No caso daqueles que estudaram na Europa, havia um predomínio em

seus cursos de outros alunos estrangeiros, enquanto nos Estados Unidos havia igualmente estudantes americanos. A maioria dos orientadores conhecia bem a sociedade brasileira, tendo muitas vezes outros brasileiros sob suas supervisões. Mesmo Roberto, o único entrevistado com parentes judeus ingleses, não teve, em função disso, mais facilidade para fazer amigos ingleses. Foram poucos os que fizeram amigos entre os americanos, ingleses, franceses e belgas nativos e os que conseguiram foram em geral com colegas de doutorado, sendo a identidade profissional o fator motor de aproximação.

A maioria dos entrevistados atribuía essas dificuldades às características das pessoas na sociedade local. Assim, um aspecto discutido foi a forte competitividade entre os colegas de doutorado nativos, particularmente os norte-americanos. Entretanto, todos ressaltavam que, por não disputarem o mercado de trabalho local, ficavam à margem dessa competição. Mesmo assim, essa competitividade era um aspecto que dificultava a criação de laços de amizade. Entre aqueles que estudaram na Europa, foi recorrente a ideia de que ingleses, franceses e belgas eram pessoas "fechadas", difíceis de se aproximar. Essa visão contrastava com uma noção de amizade presente entre muitas dessas pessoas e em outras dos segmentos médios cariocas (Rezende, 2002) que valorizavam a espontaneidade e a demonstração de afeto como parte do processo de desenvolver a relação.

Por outro lado, todos tiveram amigos estrangeiros, em geral alunos de pós-graduação como eles. E o que os aproximava era justamente a condição de estudantes fora de seu país de origem, pois passavam por um processo semelhante de aprendizado da vida na sociedade local. A variedade de origem desses amigos era grande: alemães, japoneses, árabes, iranianos etc., indo além daqueles cuja origem cultural poderia ser mais próxima à brasileira, como latino-americanos, portugueses ou espanhóis. Nesse caso, a condição comum de estrangeiro aparentemente neutralizava as particularidades culturais.

O pequeno número de amigos locais foi constantemente destacado como uma das dificuldades mais significativas da experiência de estudar em outro país. A construção dessas relações era vista como aspecto importante para a "adaptação" à sociedade local e, como ela não acontecia de forma satisfatória para as expectativas dos entrevistados, tornou-se o calcanhar de aquiles dessa vivência. Havia uma crença mais ampla de que era possível estabelecer amizade atravessando fronteiras sociais, mesmo que fosse o sentimento e não tanto uma relação específica que diminuísse as distâncias. Essa visão revelava o valor dado à conexão com o outro, de modo que a amizade tornava-se um idioma com o qual se criava laços, ainda que apenas discursivamente. Assim, os poucos amigos nativos pareciam apontar para a falta de laços sociais que promoveriam uma "adaptação" efetiva à sociedade local.

Consequentemente, a marca do estrangeiro parecia assim ainda mais realçada por essa inserção social difícil, enfatizada também pelas amizades restritas a outros estrangeiros. Não que as relações com outros estrangeiros fossem menosprezadas, mas ter poucos amigos locais significava não pertencer socialmente de fato àquele lugar. Daí também sua recusa em se relacionar apenas com outros brasileiros, o que os faria sentir ainda mais excluídos e parte de um "gueto".

De fato, essas dificuldades pareciam reforçar a percepção de que eles eram tão diferentes das pessoas locais que não havia afinidades suficientes para uma relação de amizade. Como disse anteriormente, foi durante os anos no exterior que a maioria dos entrevistados entrou em contato com representações do Brasil como uma sociedade não ocidental e com imagens suas distintas das que traziam até então, colocando em questão uma autoimagem anterior mais cosmopolita. Antes de sair do país, eles, como as pessoas de camadas médias estudadas por Norvell (2002), pareciam se relacionar pouco com as imagens e símbolos nacionais que iriam abraçar depois. A "facilidade" em fazer amigos vinha associada a alguns elementos de "brasilidade", como a afetividade e a informalidade, sendo consequência deles inclusive. Assim, ao reforçarem suas identidades brasileiras, eles passavam a valorizar o que seriam significados e práticas brasileiras de amizade.

Nesse processo, códigos de comportamento brasileiros eram tomados como dados e padrão de comparação para outros códigos distintos. Assim, a dificuldade estaria na particularidade cultural do outro e não em alguma característica própria, que era discutida como traço de personalidade e não em termos culturais. Lembro o depoimento de Marcelo que falou no "caráter um pouco fechado do belga" que dificultaria a formação de amizades, enquanto ele seria "uma pessoa fácil de fazer amigos, até falo em excesso, sou muito extrovertido e tal". Ecoando um discurso evolucionista, as diferenças de práticas e sentidos da amizade tornavam-se distinções em uma escala de gradação entre povos "mais fechados" e outros "mais abertos", sendo estes últimos os mais valorizados.

Não é à toa que Silvia, uma das poucas entrevistadas que fez vários amigos próximos na sociedade local, confessou ter se tornado um tanto "francesa" em suas atitudes após o seu retorno. Preocupada desde sua chegada na França com o aprendizado dos códigos culturais nativos, inclusive os da amizade, ela adquiriu uma postura crítica em relação a vários códigos que ela mesma compartilhava antes de viajar. Quando voltou, tentou mudar sua forma de fazer amigos no meio de trabalho, para manter uma distância maior do que a esperada. Ao fazer isso, Silvia estaria alterando o modo de expressar emotividade com a amizade, bem como sua relação anterior com a identidade brasileira.

Há algumas questões que quero destacar nesses relatos sobre a dificuldade em fazer amigos. A primeira é a ideia de que a adaptação à nova sociedade pressupõe a construção de relações de amizade com pessoas locais. Não era suficiente estudar em uma instituição local; ter amigos nativos era um índice valioso do grau de adaptação desses entrevistados. Neste ponto, as relações de amizade eram vistas como mediação fundamental naquela nova situação social. Mais ainda, ter amigos locais significava participar, fazer parte daquela sociedade e não apenas "olhar pela vitrine", como disse Andréa. Isso nos remete a uma visão da amizade como forma de incluir socialmente as pessoas de modo amplo, independente de diferenças sociais e culturais (Rezende, 2002).

Em segundo lugar, apesar do significado dado aos amigos locais, a maioria teve dificuldade de fazê-los. Esses problemas na construção de novas amizades apontavam para o oposto do que era desejado — ao contrário de se sentir adaptado e incluído, a percepção de certo grau de exclusão era mais comum. Ao se relacionarem com outros brasileiros ou estrangeiros, sua posição marginal como "de fora" e estranho era reforçada, ao invés de ser atenuada. As diferenças em relação à sociedade local ficavam ainda mais acentuadas. Essas pessoas, que até então se viam como cosmopolitas e ocidentais, tiveram que lidar com a imagem não ocidentalizada do brasileiro, como diferentes e mesmo inferiores.

Por fim, quanto maior a dificuldade de fazer amigos locais, maior era o sentimento de ser brasileiro. Ou seja, juntamente à percepção de ver-se mais brasileiro no exterior advinha a valorização da afetividade e do modo como "somente" no Brasil se faz um amigo. Enfatizo que essa forma de pensar a amizade não estava necessariamente associada à prática de ter amigos brasileiros, pois, como já mostrei, estes eram poucos e evitava-se restringir o círculo social aos seus próprios conterrâneos. Os padrões brasileiros de amizade tornavam-se medidas universais e as variações entre as sociedades eram compreendidas como mais ou menos distantes dessas referências, em vez de serem vistas como códigos culturalmente particulares. Assim, as dificuldades em torno da amizade que produziam a percepção de diferença e exclusão social eram reinterpretadas como um privilégio dos brasileiros e um problema dos cidadãos locais, contribuindo, portanto, para uma acentuação da identidade nacional.

Essa vinculação entre amizade e identidade brasileira aparece também em meu estudo sobre jovens que fizeram intercâmbio no exterior (Rezende e Laai, 2006) e na pesquisa de Torresan (2004) com migrantes em Portugal. No primeiro, fazer amigos foi uma preocupação constante de todos os jovens cariocas, incentivados pelas agências de intercâmbio a não se isolarem e a se integrarem no ambiente local. No entanto, foram poucos os que fizeram muitos amigos nativos. O que prevaleceu entre a maioria deles foi a formação de amizade com outros jovens estrangeiros em intercâmbio. Se as relações de amizade seriam a via de entrada fundamental em uma nova sociedade, poucos jovens as consideravam marcadas por significados e práticas culturais particulares, distintas daqueles encontrados no Brasil. Nessa visão da amizade, os brasileiros tomavam seus próprios códigos como padrão de comparação, vendo-se como privilegiados por serem "*mais* abertos", "*mais* fáceis", "*mais* calorosos". Portanto, no confronto estabelecido, reforçavam-se imagens tipificadas sobre "o brasileiro", com as quais eles se identificavam, mostrando uma percepção mais aguçada da identidade nacional própria de uma situação de contraste como a vivida no intercâmbio.

De forma semelhante, Torresan (2004) discute, em seu estudo sobre brasileiros em Lisboa, como ao falar das diferenças entre ser brasileiro e ser português o assunto da amizade sempre surgia. Como mencionei anteriormente, fazer amizade com os portugueses era visto como sinal de uma trajetória bem-sucedida de migração, mostrando que os migrantes tinham os recursos necessários para uma boa adaptação. As possibilidades e dificuldades de estabelecer amizade entre eles eram referidas às compreensões distintas de pessoa, em particular seu modo de expressar emoções. Quando havia a amizade, recorria-se a uma narrativa de exceção: era um brasileiro circunspeto ou um português afetuoso. Assim, "ao falarem de amizade em Lisboa (...) gestos, práticas e conceitos que pareciam naturais e pessoais aos imigrantes quando no Brasil, tornavam-se imagens de suas identidades nacionais no contexto de interação dentro do encontro [pós-colonial]" (Torresan, 2004:117).[35]

Essa relação entre amizade e identidade nacional me leva de volta à questão inicial sobre como os entrevistados se relacionam com os estereótipos nacionais. Como vimos, ao serem indagadas sobre suas elaborações subjetivas do que significava ser brasileiro, as pessoas desenvolveram esse assunto, ora variando entre o recurso aos estereótipos — como Teresa — ora particularizando suas visões — como Marcelo. Mesmo assim, foi recorrente entre eles a representação da afetividade — englobando os toques entre as pessoas e a espontaneidade na aproximação interpessoal — como um traço típico dos brasileiros, aspecto reconhecido em seus próprios comportamentos. Acrescentando a essas percepções as experiências sobre amizade, podemos dizer que, nesse caso, os estereótipos contribuíam para a formação de um sentido subjetivo de identidade nacional.

Podemos indagar também se a aceitação e uso desses estereótipos não estavam relacionados à situação de contraste vivida pelos entrevistados, aguçando o sentimento de ser brasileiro. Nesse contexto, as imagens sobre os brasileiros encontradas na sociedade local — em geral, também tipificadas — tornavam-se parte do diálogo interno dos entrevistados no processo de elaboração de suas identidades nacionais. Às vezes pareciam mesmo absorver as imagens refletidas no olhar do outro, reproduzindo para si os estereótipos da sociedade local sobre os brasileiros, que associavam emotividade aos trópicos.

Se esses estereótipos eram frequentemente considerados de forma ambígua por olhares estrangeiros e também por algumas narrativas brasileiras, tornavam-se positivamente valorizados pelos brasileiros estudados, e

---

[35] Minha tradução de: "While speaking of friendship in Lisbon (...) gestures, practices, and concepts that seemed natural and personal to immigrants in Brazil, became tropes of their national identities in the context of interaction within the [postcolonial] encounter".

até mesmo transformados em vantagem na formação de relações pessoais. A ambivalência presente nas narrativas nacionais dava lugar a uma ressignificação da diferença como privilégio: ser espontâneo e emotivo deixava de ser visto como sinal de inferioridade para ser indício de superioridade. Assim, se o processo de reelaboração de suas identidades nacionais implicava se ver pelos olhos das sociedades metropolitanas, alguns estereótipos locais sobre os brasileiros ganhavam novas significações e particularmente nova força como elementos positivos que davam sentido subjetivo ao ser brasileiro: um privilégio que teriam sobre os outros, principalmente sobre aqueles superiores no jogo das relações internacionais de poder.

Os sentimentos expressos: incômodo, solidão e fascínio

Nos depoimentos das pessoas estudadas, sobressaíam-se certas emoções: o incômodo, a solidão e o fascínio. Curiosamente a saudade estava ausente, seja para falar da distância das relações sociais e modo de vida de origem, seja para construir uma identificação como brasileiros. No restante deste capítulo, procuro mostrar que a expressão desses sentimentos — e não da saudade, por exemplo — reforça os aspectos já discutidos dessa experiência de ser um estrangeiro brasileiro.

Para entender a ausência da categoria saudade, é importante compreender o que ela implica. Falar de saudade significa falar de uma determinada relação com a experiência e com o tempo. É um modo de acionar a memória e com isso reverter, ainda que como ficção, a passagem do tempo. Nas palavras de Lourenço (1999:13), "[na saudade] e por meio dela sentimos a nossa fugacidade e a nossa eternidade". Neste sentido, e de forma geral, ela nos remete à vivência do tempo e ao jogo da memória. A saudade é também uma categoria que singulariza a experiência, falando do pertencimento a uma comunidade luso-brasileira. Como tal, seu uso requer um aprendizado, do mesmo modo que se aprende a gostar de futebol, Carnaval etc. Para os portugueses, na compreensão de Lourenço (1999:14), a saudade implica um olhar para o passado e um excesso de amor ao que merece ser amado. É por isso "mais da ordem do sonho do que do real". Refletindo também sobre seu sentido para os brasileiros, DaMatta (1993:33) associa o discurso da saudade à temporalidade da casa, resistindo ao tempo da rua. Teria assim "a marca do sangue, do calor e da vida compartilhada e entrelaçada".

Nas viagens em que se distancia das relações sociais de origem, encontramos um contexto paradigmático para acionar a categoria da saudade. Nessas experiências, falar de saudade implica não só a referência ao tempo e à memória da casa que se deixou no passado, mas também, em uma reflexão de Joaquim Nabuco, à solidão (apud DaMatta, 1993:28). Como expressão obrigatória de um sentimento nos termos de Mauss, falar de saudade quando se está longe significa mostrar pertencimento a uma comunidade cultural específica. Dotada de uma capacidade performativa, "é a categoria que conduz a uma consciência aguda do sentimento, não o seu contrário" (DaMatta, 1993:21).

No entanto, eram os sentimentos de incômodo, bem como de irritação e em alguns casos de choque e revolta, que apareciam com mais frequência nos relatos sobre a experiência de estar longe de casa. Esta era indissociada da sensação de ser um estrangeiro em uma sociedade na maioria das vezes desconhecida, cuja língua nativa nem sempre era bem dominada inicialmente. Mas, como vimos, mais do que a língua, surgiam outros problemas de comunicação que revelavam os obstáculos de ser um estrangeiro de "Terceiro Mundo", brasileiro especificamente, na Europa e nos Estados Unidos.

Marcos se sentia incomodado com a dificuldade de entender os códigos de comportamento dos ingleses em Londres. Para ele, de modo geral os ingleses eram "obscuros", nada "transparentes", em suas opiniões sobre os outros. A fronteira entre o que era aceitável ou não para eles, particularmente aqueles com quem lidava no meio universitário, seria muito tênue, de modo que facilmente podiam se tornar agressivos verbalmente. Como já relatei no capítulo 3, a imagem dos ingleses sobre o homem brasileiro também lhe causava desagrado e irritação. Marcos se irritava e até mesmo se ofendia com a pressuposição de que, sendo brasileiro, era machista, já que no Brasil sempre fora visto como uma pessoa liberal em suas relações afetivas. Irritava-lhe o feminismo militante presente entre as mulheres na universidade, embora, na medida em que passou a compreender seus códigos, "as coisas foram ficando menos complicadas". Mas até isso acontecer, suas reações de irritação acabavam às vezes confirmando o estereótipo de homem passional que ele rejeitava, não apenas como imagem de homem brasileiro, mas também como intelectual cursando seu doutorado.

Como relatei no capítulo 3, por ser pesquisadora já experiente no Brasil, Silvia teve alguns problemas com as regras do seu curso de doutorado na França, que a deixaram "revoltada". Ela questionava algumas exigências de seus professores, que por sua vez reagiam com desagrado, pois não estavam acostumados à "transgressão" de sua hierarquia interna. Foram alguns os embates, uns bem resolvidos, outros não. De modo geral, Silvia se queixou de ter sido tratada na maioria das vezes como uma estudante inexperiente, e não como uma pesquisadora que, mesmo fazendo doutorado, tinha contribuições a dar.

Em vários momentos do seu relato sobre seu doutorado nos Estados Unidos, Renato se disse chocado. Uma das coisas que o "aterrorizou" no início foi a competitividade entre os colegas americanos, a ponto de as pessoas retirarem com antecedência livros da biblioteca que seriam utilizados nos seminários, impedindo os outros de lerem os textos recomendados. Ele só passou a não ameaçar ninguém quando contou que já era professor e voltaria ao Brasil para trabalhar. Outro aspecto que o "incomodava" nos Estados Unidos era o modo como os adultos lidavam com as crianças. Por ter filhos pequenos em idade escolar, Renato ficava chocado com a maneira como os professores exigiam dos alunos a obediência às normas, "arrasando" e humilhando as crianças. Por outro lado, ele também se indagava se no Brasil não se tratariam as crianças com muita condescendência.

Teresa, que também estudou nos Estados Unidos, se "incomodava" com as imagens do Brasil que circulavam por lá, inclusive entre seus professores. O fato de o "atraso" do país ser atribuído a características culturais do povo brasileiro e não às relações sociopolíticas de "exploração" a deixava "meio horrorizada". Em outra ocasião, Teresa ficou "irritada" com o fato de que um americano, assim que soube que ela era brasileira, começou a falar, de um modo irônico, sobre o uso do biquíni fio dental nas praias daqui, associando-a de forma incômoda à sensualidade da mulher brasileira.

Esses depoimentos ilustram as referências mais comuns aos sentimentos de incômodo, irritação, revolta e choque. Tanto homens quanto mulheres os expressaram, em geral, em contextos nos quais estava em questão o modo como eram vistos por pessoas da sociedade local. Na maioria das vezes, o tratamento recebido revelava certas concepções culturais sobre os estrangeiros e/ou brasileiros, que aos olhos desses entrevistados não se aplicava, pelo menos não inteiramente. Geralmente, eram imagens consideradas negativas, que os inferiorizariam de algum modo, como as visões estereotipadas sobre homens e mulheres brasileiros, já discutidas.

Mesmo quando as representações culturais sobre brasileiros não pareciam estar em questão, tais categorias emotivas falavam da dificuldade de ser reconhecido ou considerado como se achava devido. No caso de Marcos, que se esforçava para compreender os códigos ingleses, o que ficava era a sensação de que as possíveis falhas de comunicação entre eles deviam-se mais à "obscuridade" destes últimos. Para Silvia, a hierarquia universitária na França era por demais rígida, não considerando que os estudantes de doutorado também poderiam contribuir com suas experiências profissionais prévias. Renato também apontava para o fato de que, já sendo um professor no Brasil, não era um simples estudante competindo no mercado de trabalho, como seus colegas americanos. Estava em foco aqui a discrepância de status surgida na experiência de ser estrangeiro, cujas características anteriores eram desconhecidas naquele novo ambiente, que parecia inverter traços pessoais e sociais que lhes eram caros.

Em comum nesses casos, encontra-se um sentido de acusação ao outro. O problema ou mesmo erro estaria na concepção do outro sobre os brasileiros ou sobre aquele brasileiro em particular. A irritação e a revolta manifestas se aproximam do sentimento de raiva, que teria como contorno mais amplo a percepção de discrepância moral entre os mundos ideal e real (Lutz, 1988). Assim, essas categorias emotivas acionavam uma condenação moral ao outro, que agia erroneamente com base em imagens que também seriam falsas.

Mas parece também que essas representações não eram rejeitadas pura e simplesmente, acendendo internamente alguma reflexão sobre a sua pertinência. Daí o recurso frequente à noção de incômodo, que surgiria no confronto desconfortável entre imagens de si — de algum modo erradas ou mal-ajustadas, mas também questionadoras.

Um segundo conjunto de sentimentos expressos, menos recorrentes do que os anteriores, girava em torno do sofrimento, solidão e, em alguns casos, depressão. Tais categorias apareceram nos relatos tanto de pessoas que moraram fora com suas famílias quanto daquelas que foram sozinhas.

Foram mais comuns nas entrevistas das mulheres e apenas Marcos falou do sofrimento de viver no exterior. Em Londres, havia até mesmo uma expressão que ouvi algumas vezes, *january blues* — um estado de depressão e melancolia, para qualificar o que os estrangeiros sentiriam particularmente em seu primeiro inverno no país, período de dias curtos, cinzentos e frios.

Marcos achava que morar em outro país não era fácil, mas também qualificava seu sofrimento de "inútil e desnecessário". A dificuldade estava em se adaptar a um mundo que não era seu — "eu não dominava a língua, alguns códigos culturais são difíceis de absorver, a cabeça muito dura para certas coisas", o que levou mais tempo do que seria necessário. Problemas semelhantes afetaram sua companheira, também brasileira, que entrou em depressão, e a crise na relação contribuiu para o "sofrimento" do qual Marcos falava. Ele também sentia que sua ansiedade "excessiva" havia gerado um círculo vicioso: "uma dificuldade de entender o que as pessoas esperavam de mim e o que eu podia esperar delas e às vezes me proteger em relação às coisas que vinham negativas". Ao mesmo tempo, ele achava que, se tivesse mais maturidade na época, "as coisas teriam sido diferentes", daí pensar que seu sofrimento foi "desnecessário".

Cátia e Andréa, que viajaram solteiras na época, comentaram a sensação de solidão nos anos em que estudaram na Inglaterra. Para Cátia, esse período foi marcado pela "dificuldade emocional" de lidar com a "falta de referências": a falta da família, de uma rede de amizade, de um espaço físico que pudesse chamar de casa. A solidão do processo de trabalho na tese de doutorado exacerbou essas dificuldades. De forma semelhante, Andréa achou que sua experiência foi muito dolorosa por ter tido muita dificuldade de dominar a língua e sentir que não fazia parte daquele lugar. Contudo, na sua percepção, a solidão que ela sentia não foi "desesperadora": ela sofria, ficava triste, mas não se lembra de ter sido tão duro. Depois que começou a namorar um brasileiro, a solidão deixou de ser um problema.

Teresa, por sua vez, viajou com seu marido e filhos, mas a presença deles não impediu que ela se sentisse mal em muitos momentos, ficando deprimida durante algum tempo de sua estadia nos Estados Unidos. Seu problema foi a dificuldade de se adaptar às pessoas do lugar onde viveram, que não tinham nada a ver com ela em termos de afinidades pessoais nem com a sua cultura. O fato de ficar trabalhando em seu doutorado mais em casa, com pouco convívio com pessoas na universidade, também dificultou a formação de laços de amizade. E aí, o contraste com o marido e os filhos, que tinham amigos e falavam bem o inglês, a deixava mais "estressada".

Como contraponto, Dora disse que sentia menos solidão nos anos em que morou nos Estados Unidos, do que quando morava no Brasil. Aqui, apesar da família e de amigos, ela se achava mais solitária. Lá, mesmo tendo viajado sozinha, havia um grupo de brasileiros, "carentes de outros brasileiros", de forma que sua vida social era intensa — "as pessoas ligavam para os outros todos os dias, e você combinava de almoçar". Com isso, ela se sentia muito integrada, não apenas com seus amigos brasileiros, mas também com alguns americanos e outros amigos latino-americanos.

Nessas passagens, vemos que o sentimento de solidão, junto às noções de sofrimento e depressão não estavam associados simplesmente a estar só. Todos tinham alguns amigos brasileiros, muitos deles conhecidos de longa data e pessoas que os apoiaram nos momentos difíceis, embora a maioria evitasse relacionar-se apenas com eles. Além disso, como Dora e Teresa indicaram, era possível sentir-se solitário mesmo na presença da família. Ademais, a não ser para Cátia, a solidão não aparecia conectada à distância de casa, à saudade, como já disse Joaquim Nabuco.

Como Castro (2001) aponta em sua reflexão sobre solidão no Ocidente moderno, esse sentimento remete à ausência de uma qualidade de interação e não à falta de interações em si. De fato, nos relatos analisados, o sofrimento da solidão referia-se principalmente à dificuldade de se sentir "parte" da sociedade local, manejando os códigos locais e formando laços de amizade. Falaria, portanto, do desejo de se sentir integrado em uma rede social vista como significativa como Dora conseguiu, e de ter "referências" naquela sociedade.

O terceiro conjunto de sentimentos expressos referia-se ao encantamento e à fascinação pelas sociedades locais e aparece basicamente naqueles que estudaram nos Estados Unidos e na França. Marcos, Cátia e Andréa, que viveram na Inglaterra, e Marcelo, que morou na Bélgica, valorizaram aspectos do sistema de ensino onde estudaram, mas não destacaram apreciação de nenhuma outra característica das sociedades inglesa e belga.

Os entrevistados que moraram nos Estados Unidos foram unânimes em enfatizar seu apreço pela organização, facilidade e praticidade da vida lá. Dora se sentiu "deslumbrada" com o apoio prático aos estudantes estrangeiros em sua universidade. Renato sempre gostou de passar períodos nos Estados Unidos, para onde continua indo, pois, além da diversidade cultural nas grandes cidades, "a vida é mais fácil, mais organizada, você não perde tempo com coisas do dia a dia, coisas de Primeiro Mundo". Morando em Nova York, ele achava "maravilhoso" ver que seus filhos tinham aulas nos grandes museus da cidade. Mesmo com sua difícil adaptação, Teresa ficava impressionada com a praticidade americana — "uma bênção na tua vida". Tudo para criança era prático, a comida era semipronta e deliciosa.

Para Silvia e Laura, a França sempre exerceu um fascínio. Silvia escolheu estudar lá não apenas em função da sua especialidade, pouco desenvolvida em outros lugares, mas também porque sempre foi seu sonho conhecer o país. Laura, em vários momentos da sua entrevista, falava de seu fascínio pelo respeito e valorização dos franceses por sua literatura, história, culinária, cultura enfim. Para ela, o significado do ensino na França a encantava e era realçado, por exemplo, no cuidado dos bibliotecários com o trabalho de pesquisa de seus frequentadores. Laura "amou" a biblioteca que usou mais, "amou" seus bibliotecários, o tratamento excepcional que lhe dispensavam, o clima de estudo que havia.

Assim, os sentimentos de encanto, deslumbramento e fascínio eram acionados para falar daqueles aspectos da sociedade local que eram vistos como qualidades, valorizados como positivos e até mesmo como superiores, como diz Renato, "coisas de Primeiro Mundo". Implícito estava o contraste com a sociedade brasileira, que não teria tais características, ou pelo menos não da forma que elas apareciam no exterior. É importante notar que os objetos de fascínio eram aspectos da organização social ou valores culturais e não as pessoas locais. Pelo contrário, com frequência, americanos, franceses, ingleses e belgas eram alvo de críticas que os tomavam de modo estereotipado (por exemplo, o americano é individualista, o francês é antipático, o inglês é obscuro, o belga é fechado).

É interessante apontar que essas categorias emotivas não foram utilizadas para comentar a experiência do doutorado, motivo fundamental da viagem. Esta foi avaliada de forma mais crítica e comparativa, com uma análise das características do curso e universidade escolhidos. Na apreciação do doutorado, os sentimentos expressos, quando havia, eram as categorias já discutidas de incômodo, irritação e revolta pela falta de reconhecimento da experiência anterior ou posição acadêmica no Brasil. Na maioria dos relatos, mais do que a troca com os professores, os ganhos do doutorado teriam sido menos acadêmicos e sim intelectuais — a oportunidade de estudar em boas bibliotecas e de adquirir uma visão de mundo mais ampla, principalmente pelo contato com muitos estrangeiros. Mesmo assim, ressalto que, ao falarem sobre seus cursos, o tom foi mais distanciado, crítico e pouco emotivo.

As emoções e as tensões de ser um estrangeiro brasileiro

Vimos, portanto, que as categorias emotivas usadas nas entrevistas revelam aspectos significativos da experiência de estudar fora do Brasil. Mais ainda, ajudam a realçar as questões mais fundamentais — ainda que difíceis — para as pessoas estudadas.

Primeiro, as emoções expressas faziam referência principalmente ao fato de as pessoas serem estrangeiros em uma outra sociedade e não ao outro lado da moeda — a distância da casa, do país de origem. Os sentimentos de incômodo e irritação, os mais citados, apontavam geralmente para a discrepância de status que resultava do tratamento recebido como estrangeiro, suspendendo características de origem que seriam importantes, e para o desconforto de se ver brasileiro pelos olhos dos outros, por meio de suas imagens muitas vezes negativas. Mesmo a emoção da solidão era raramente referida à distância da família e amigos que ficaram no Brasil, falando principalmente da dificuldade de se ver não integrado, sem se sentir parte da sociedade local.

Esses sentimentos adquiriam um sentido particular no contexto da experiência de viver em uma sociedade que em muitos casos era vista como impressionante ou fascinante. Se, desde o início, a motivação de estudar fora era não apenas buscar os conhecimentos específicos do doutorado, mas também viver em uma cultura metropolitana, que confirmava muitas das expectativas de deslumbre, deparar-se com imagens negativas dos brasileiros, perceber-se mais diferente do que se pensava e, portanto, não conseguir fazer parte efetivamente — pelas relações de amizade — dessas sociedades tornava-se para muitos experiências de algum modo dolorosas, sofridas.

O foco dos relatos não estava assim na vivência da distância de casa, que a maioria experimentava pela primeira vez, nem nos sentimentos em relação ao Brasil. Mesmo a discussão sobre o reforço de suas identidades brasileiras quando estavam longe surgiu a partir de uma questão minha, não tendo sido um tema espontaneamente abordado pela maioria das pessoas. Também não foi, em geral, alvo de um discurso emotivo, sendo discutido de modo mais analítico e até mesmo distanciado, como mostrei no capítulo anterior. Embora todos tenham afirmado que suas percepções sobre ser brasileiro aumentaram nesse período, havia limites para a abrangência dessa identidade, como já vimos, na forma de uma evitação de um círculo social composto principalmente por brasileiros. Como alguns disseram, o fato de se perceberem mais brasileiros não garantia uma base de afinidades suficiente para aproximá-los de outros brasileiros residindo fora.

Talvez por isso o sentimento de saudade não tenha sido utilizado nesses relatos. Não que eles não tenham sentido saudades de casa e do Brasil quando estavam fora, mas no contexto da entrevista não foi o sentimento de que escolheram falar. Os únicos que mencionaram a saudade — Cátia e Marcelo — o fizeram em referência ao sol e à natureza do Rio de Janeiro principalmente. Ambos discutiram como, nessa estadia fora, perceberam o quanto era grande seu amor pela cidade, com todos os problemas que ela tem. É interessante, porém, que, nessa menção aos sentimentos em relação à casa, referiram-se ao Rio de Janeiro e não ao Brasil. Mais do que se sentirem brasileiros, sentiam-se acima de tudo cariocas.

É significativo comparar esses relatos com a análise feita por Barros (2006) das retóricas emotivas de uma migrante brasileira em Portugal. Nas narrativas identitárias dessa mulher, que tem nacionalidades brasileira e portuguesa, há um diálogo entre o que seriam as formas emotivas brasileiras em contraste com as portuguesas, como modo de elaborar sua identidade de migrante. O que destaco aqui é a presença do sentimento de saudade, tanto para falar da distância do Brasil — da casa, da família, dos amigos, quanto para referir-se à falta de vida em Portugal quando visita sua cidade de origem. Como afirma Barros (2006:87), essa narrativa posiciona-a "num limbo emocional de pertença".

Assim, voltando aos argumentos de DaMatta já apresentados, falar em saudade implica falar do pertencimento a uma mesma comunidade cultural e nacional, o que parecia problemático de algum modo para as pessoas estudadas. Se o reconhecimento de uma identidade brasileira era afirmado por todos, ele não necessariamente levava à construção de uma rede de relações sociais e muito menos de uma comunidade de brasileiros fora. Além disso, como a referência às categorias de incômodo e irritação sugere, mesmo essa identidade de brasileiro não era abraçada indiscutivelmente. O confronto com as imagens locais sobre os brasileiros perturbava as autoimagens até então elaboradas, pensadas em termos cosmopolitas e ocidentais. Nesse diálogo, construía-se uma alteridade até então pouco vislumbrada e que exigia uma reelaboração do que significava ser brasileiro. Com isso, perceber-se um estrangeiro brasileiro no "Primeiro Mundo" que encantava podia tornar-se uma experiência incômoda, sofrida e às vezes solitária.

6

Estereótipos nacionais e identidades ambíguas

Ao longo deste livro, discuti o tema da identidade nacional a partir da experiência da identidade brasileira para um grupo de pessoas que fizeram seus doutorados em outros países. Através deste estudo, busquei mostrar a dinâmica de construção da identidade em contexto estrangeiro, nos quais o contraste é sua força propulsora. Nesse processo, os indivíduos dialogam com os imaginários existentes em torno da identidade nacional — tanto os elementos que eles trazem consigo na viagem, quanto as imagens que circulam na sociedade local. Nesse diálogo, atuam forças diversas como a história pessoal de cada um anterior à viagem, as circunstâncias específicas da estadia, as relações de poder mais amplas que se impõem no cotidiano dos estudantes estrangeiros e nas relações estabelecidas por eles, bem como aos imaginários em torno do Brasil. Resultam desse processo uma elaboração e uma vivência particulares do que é ser brasileiro — particular no sentido de ser específico àquele contexto social e histórico e de ser subjetivo, ainda que essa subjetividade se forme a partir de significados culturais.

Gostaria, nestas considerações finais, de aprofundar duas questões que percorrem todo o livro: o uso de estereótipos na construção da identidade nacional e a ambiguidade em torno da identidade brasileira. Ambos põem em relevo a articulação entre os temas tratados neste livro: as construções identitárias em contexto estrangeiro, os elementos do imaginário com os quais cada indivíduo dialoga e a experiência subjetiva desse processo.

O recurso aos estereótipos pelos entrevistados na definição do que significava ser brasileiro me causou surpresa quando analisei o material e redigi uma primeira versão do capítulo 4, em 2002. Colegas meus que leram o texto comentaram o mesmo e fui alguns anos depois encontrar a mesma reação nos trabalhos de Torresan (2004) e de Ribeiro (1998:14), que declara: "é anticlimático para um antropólogo fazendo pesquisa no exterior sobre pessoas do seu próprio país, descobrir que a identidade nacional é reduzida a suas expressões estereotipadas mais óbvias". Talvez o uso dos estereótipos fosse mais marcado entre brasileiros do que entre pessoas de outros países, mas isso apenas uma pesquisa comparativa poderia dizer.

Se, conforme apontei algumas vezes ao longo do livro, as narrativas nacionais se constroem frequentemente em torno de ideias de culturas homogêneas, distribuídas uniformemente em figuras típicas, os estereótipos servem para reafirmar essas ideologias tanto interna quanto externamente. Ou seja, usamos os estereótipos para falar de nós mesmos e dos outros. Se para cientistas sociais essa não é uma conclusão nova, talvez a surpresa que eu e outros sentimos exprima a ambivalência entre uma visão ocidental que valoriza o indivíduo e sua singularidade, que temos como nativos, e o uso, que muitos de nós fazemos também, de imagens tipificadoras em certos contextos.

A questão então está no contexto em que a identidade brasileira está em foco e que aciona de forma constante os estereótipos. É o contraste vivido entre brasileiros e locais — sejam americanos, franceses, ingleses etc. — que favorece o uso de imagens estereotipadas de si e do outro. Se em qualquer situação de contato entre um estranho e um novo grupo social há a tendência a ver o outro através de imagens tipificadas, como já disse Schutz (1971), esse movimento é ainda mais forte quando se trata do contato entre grupos nacionais distintos, pelo papel que os estereótipos têm nas ideologias nacionais. Como diz Torresan (2004:13), na situação de migração internacional, as pessoas se comparam e contrastam em termos de categorias atribuídas a uma nacionalidade, que apresentam definições impostas e autoatribuídas, de teor essencialista, de quem cada um é e não é. Essas categorias fazem parte do "idioma do contato interétnico", como reconhece Ribeiro (1998:14), apresentando as diferenças como entidades estáveis que tornam o outro compreensível e controlável.

Nesse contato entre nacionalidades, é preciso levar em consideração as relações de poder entre elas, que explicam como os estereótipos são acionados. No caso brasileiro estudado, essas imagens adquirem valores distintos e cumprem papéis diversos de acordo com o contexto. Assim, em muitos momentos a brasilidade construída em torno do Carnaval, do futebol, do café e da afetividade era vista como positiva e praticamente todos se acharam "mais brasileiros" depois desse período no exterior. Em relação às amizades, essas imagens também eram abraçadas, tornando-os inclusive privilegiados em contraste aos europeus e americanos. Entretanto, em contextos específicos, esses estereótipos ganhavam outras conotações e eram distanciados ou mesmo rechaçados pelos entrevistados. Assim, a afetividade que se associava a uma informalidade era problemática para estudantes que desejavam ser reconhecidos como responsáveis e disciplinados, bem como para mulheres e homens que gostariam de ser vistos como intelectuais e não como pessoas sensuais e passionais. De forma semelhante, ter "aparência" de brasileiro típico os faria alvo fácil de discriminação e nenhum deles disse aparentá-la. Portanto, o recurso aos estereótipos é seletivo e seus significados são manipulados e valorizados variadamente.

Nesse processo, sobressai uma ambivalência no modo de lidar com esses estereótipos e com a identidade composta por eles. Repito aqui a passagem da entrevista com Alberto, citada no início do livro:

> Uma característica de brasileiro assim que... Uma coisa que não é minha, mas que ficou ressaltada... Duas coisas: o brasileiro é muito aberto e gosta muito de estrangeiro, é uma relação com o outro que é impressionante. A gente está sempre precisando que o outro nos diga que...
>
> Claudia — Um outro estrangeiro...
>
> Alberto — É um estrangeiro acima, de preferência, é um europeu, o brasileiro precisa ser elogiado, o brasileiro me parece que muitas vezes quer ser um europeu. Não vai ser nunca, não tem como, impossível. Mas entra um mecanismo de você querer... São essas características, e muito aberto, muito simpático, se dá com certa facilidade, mas esse se dar me parece ter um objetivo: "eu quero ser reconhecido por esse outro, ele está num lugar que pode me reconhecer".

Alberto tece uma análise interessante sobre a relação entre o brasileiro e o europeu. Parte da figura típica — "o brasileiro" — cujas características são aquelas relacionadas à afetividade já discutida: é simpático, é aberto e se dá com facilidade. Mas, indo além dos outros entrevistados, argumenta que essa abertura traz um interesse: ser reconhecido e, principalmente, elogiado pelo outro europeu, que está em uma posição de poder reconhecê-lo. Mais ainda, segundo Alberto, haveria um desejo de ser como esse outro europeu, o que é impossível, diz ele categoricamente. No entanto, essa característica que ele percebeu quando estava fora não é dele, ainda que ele tenha em outra passagem, usado a forma plural — "a gente"...

É possível que esta ambivalência na relação com a identidade brasileira seja um traço mais presente nessas pessoas, que, como muitos dos migrantes brasileiros estudados em trabalhos citados ao longo do livro, viajaram na década de 1980 desencantados com o país e sua situação política e econômica. Lembro que muitos citaram a eleição de Fernando Collor, bem como os escândalos políticos da época, como questão com a qual tiveram que lidar — seja nas explicações solicitadas na sociedade local, seja nas condições encontradas em seus retornos ao país. Nos últimos anos, o Brasil tem sido tema de exposições e homenagens na Europa — ainda que construídas a partir de olhares europeus — e tornou-se mais frequente ver fotografias de brasileiros no exterior vestindo verde e amarelo, com camisas da seleção brasileira de futebol ou com a bandeira (o que nos meus quatro anos em Londres só vi durante a Copa do Mundo de 1990). Fico sabendo em uma matéria publicada no jornal *O Globo* em dezembro de 2007 que muitos brasileiros residentes nos Estados Unidos estão voltando para o Brasil, desencantados com a desvalorização do dólar e a dificuldade de legalização de sua permanência, bem como animados com a estabilidade econômica brasileira. Assim, podemos supor que as gerações mais novas elaborem de uma outra forma a identidade brasileira, afirmando-a em contextos nos quais as pessoas pesquisadas hesitavam em fazê-lo.

Por outro lado, a ambiguidade na forma de construir e se relacionar com a identidade brasileira não seria particular das pessoas que estudei. Ribeiro (1998:16) argumenta que, além de uma posição vulnerável, o imigrante possui uma identidade social ambígua. Esta deriva da "justaposição de pelo menos dois modos de representar pertencimento a diferentes níveis de integração. Um relacionado à experiência prévia do imigrante, e outro, ou outros, encontrados na nova situação". Além desse rearranjo de identidades locais, regionais e nacionais, haveria também uma "ambiguidade permanente", relacionada a uma vida que se estrutura entre dois cenários sociais e culturais distintos. Se por um lado a distância do Brasil e a exposição a situações cosmopolitas podem tornar os migrantes brasileiros "menos brasileiros", por outro, a visibilidade da identidade nacional ante a outras identidades nacionais e étnicas os faz "mais brasileiros" (Ribeiro, 1998).

Vejo duas questões a partir dessas colocações de Ribeiro. Primeiro, destaco a idéia de ser ou ficar "mais" ou "menos" brasileiro, mencionada por Ribeiro e presente nas falas dos entrevistados. O que implica falar dessa identidade em termos de quantidade? O uso dessa forma discursiva tem dois sentidos predominantes nos dados analisados. O primeiro refere-se a uma intensidade maior ou menor do sentimento de pertencimento, de forma que a maioria dos entrevistados disse ter se sentido "mais brasileiro" no exterior. O outro sentido relaciona-se à idéia de agregar ou desligar-se de elementos associados a uma "brasilidade" (ou a uma "inglesidade" etc.) como um conjunto de formas de pensar e agir de algum modo discerníveis, e passíveis de serem substituídas por outros. Assim, é possível sentir-se "menos" brasileiro e "mais" francês ou inglês.

A segunda questão está na maneira como essa ambiguidade, exemplificada por essa forma de expressão, põe em foco a relação do indivíduo com a identidade nacional, seja comparando-a a outras identidades, seja em termos do seu significado subjetivo. Como diz Ribeiro (1998:13), "ser brasileiro é dado de barato no Brasil", ou seja, é uma identidade que pouco interfere nas interações sociais dentro do país. Embora como brasileiros, compartilhemos um código cultural comum, ainda que cheio de diferenciações internas, não é a ele que nos remetemos normalmente no cotidiano. Seria assim uma identidade latente, nos termos de Oliveira (1976). Apenas nas situações de contraste e confronto — como a experiência de vida no exterior — teríamos a manifestação dessa forma de identificação, explicando, portanto, a possibilidade de que uma pessoa venha se sentir "mais" brasileira nesse contexto.

Em termos subjetivos, encontramos identificações móveis, para lembrar Hall (1998), que mobilizam modos de ser, agir e sentir variadamente, dentro de campos de possibilidade. É assim que, nos relatos analisados, esses elementos que caracterizam a identidade nacional são pensados de certa maneira como independentes do eu, podendo ser descolados ou acrescentados a ele. É por isso que uma pessoa pode voltar do exterior "menos brasileira" e "mais francesa". Brasileiro parece tornar-se mais uma forma adjetiva, e não substantiva, de caracterizar a experiência.

Assim, é com essa qualidade adjetiva que se manifesta com força em certos contextos, como no exterior, que a identidade nacional tem ressonância para as pessoas entrevistadas, como parece ter também para os muitos migrantes brasileiros estudados na literatura recente com a qual dialoguei ao longo do livro. Mais do que questionar sua importância diante de um mundo cujas fronteiras estão mais fluidas, trata-se de entender como se dá a experiência da identidade nacional para sujeitos específicos em situações particulares. Se para as pessoas entrevistadas sentir-se brasileiro no exterior ocasionou sentimentos ambíguos, essa ambivalência revela a natureza afetiva intrínseca desse processo identitário, bem como as negociações de sentido que o integram e que são atravessadas por relações de poder.

Compreender a experiência da identidade nacional implica entender também efeitos que se estendem para além das elaborações individuais. A possibilidade de manipular os estereótipos nacionais para construir identidades demonstra a dimensão micropolítica presente nesses processos subjetivos, que é altamente significativa também para os movimentos identitários organizados. Em termos de uma sociabilidade mais ampla, o modo como se vive uma identidade nacional repercute na forma de estabelecer, ou não, relações com seus conterrâneos. Buscar a amizade de outros brasileiros quando fora, ou evitar criar um "gueto", são maneiras não apenas de se relacionar, mas também de constituir uma "comunidade" nacional, seja esta vivida no cotidiano ou no imaginário. Portanto, da compreensão dessas dinâmicas surgem elementos que iluminam experiências identitárias e formação de relações sociais não apenas em uma situação de migração temporária, mas quiçá também em contextos cotidianos de interação.

Referências bibliográficas

ABU-LUGHOD, Lila. *Veiled sentiments*: honor and poetry in a Bedouin society. Berkeley: University of California Press, 1986.

_____. *Writing women's worlds*. Berkeley: University of California Press, 1993.

_____; LUTZ, Catherine. Introduction: emotion, discourse, and the politics of everyday life. In: LUTZ, Catherine; ABU-LUGHOD, Lila (Orgs.). *Language and the politics of emotion*. Cambridge: Cambridge University Press, 1990.

AMIT, Vered. Reconceptualizing community. In: _____ (Org.). *Realizing community*: concepts, social relationships and sentiments. London: Routledge, 2002.

ANDERSON, Benedict. *Imagined communities*. 2. ed. London: Verso, 1991.

APPADURAI, Arjun. The production of locality. In: FARDON, Richard (Org.). *Counterworks*: managing the diversity of knowledge. London: Routledge, 1995.

APPIAH, Kwame Anthony. *Na casa de meu pai*: a África na filosofia da cultura. Rio de Janeiro: Contraponto, 1997.

BALAKRISHNAN, Gopal. A imaginação nacional. In: _____ (Org.). *Um mapa da questão nacional*. Rio de Janeiro: Contraponto, 2000.

BARROS, Victor David. Gramáticas emocionais: estratégias identitárias de uma brasileira em Portugal. *RBSE*, v. 5, n. 13, p. 85-96, 2006.

BARTH, Fredrik. *Ethnic group and boundaries*: the social organization of culture difference. Boston: Little, Brown & Company, 1969.

BAUMAN, Zygmunt. *Comunidade*: a busca por segurança no mundo atual. Rio de Janeiro: Jorge Zahar, 2003.

_____. *Amor líquido*: sobre a fragilidade dos laços humanos. Rio de Janeiro: Jorge Zahar, 2004.

_____. *Identidade*. Rio de Janeiro: Jorge Zahar, 2005.

BERGER, Peter; LUCKMANN, Thomas. *A construção social da realidade*. 6. ed. Petrópolis: Vozes, 1985.

BHABHA, Homi. *Nation and narration*. London: Routledge, 1990.

_____. *O local da cultura*. Belo Horizonte: UFMG, 1998.

BOWIE, Fiona. Wales from within: conflicting interpretations of Welsh identity. In: MACDONALD, Sharon (Org.). *Inside European identities*: ethnography in Western Europe. Oxford: Berg, 1993.

BREUILLY, John. Abordagens do nacionalismo. In: BALAKRISHNAN, Gopal (Org.). *Um mapa da questão nacional*. Rio de Janeiro: Contraponto, 2000.

BUTLER, Judith. *Gender trouble*. London: Routledge, 1991.

CALDEIRA, Teresa. A presença do autor e a pós-modernidade na antropologia. *Novos Estudos Cebrap*, n. 21, p. 133-157, jul. 1988.

CALHOUN, Craig. Social theory and the politics of identity. In: _____ (Org.). *Social theory and the politics of identity*. Oxford: Blackwell, 1994.

CARVALHO, José Murilo de. Brasil: Nações imaginadas. In: _____. *Pontos e bordados*: escritos de história e política. Belo Horizonte: UFMG, 1999. p. 233-268.

CASTRO, Celso. *Homo solitarius*: notas sobre a gênese da solidão moderna. *Interseções — Revista de Estudos Interdisciplinares*, v. 3, n. 1, p. 79-90, 2001.

CAVALCANTI, Leonardo. "Não sou brasileiro, não sou estrangeiro...": imagens e jogos de alteridades em torno à presença brasileira no espaço urbano espanhol. In: REUNIÓN DE ANTROPOLOGIA DEL MERCOSUR (RAM), 6, 2005, Montevidéu.

CHATTERJEE, Partha. *The nation and its fragments*: colonial and postcolonial histories. Princeton: Princeton University Press, 1993.

CLIFFORD, James. *Routes*: travel and translation in the late twentieth century. Cambridge, Massachusetts: Harvard University Press, 1997.

_____. Sobre a automodelagem etnográfica: Conrad e Malinowski. In:_____. *A experiência etnográfica*: antropologia e literatura no século XX. Rio de Janeiro: UFRJ, 1998.

COHEN, Anthony P. Peripheral vision: nationalism, national identity and the objective correlative in Scotland. In: _____ (Org.). *Signifying identities*: anthropological perspectives on boundaries and contested values. London: Routledge, 2000.

CORREA, Mariza. Sobre a invenção da mulata. *Cadernos Pagu*, n. 6-7, p. 35-50, 1996.

DAMASCENA, Caetana. Trabalhadoras cariocas: algumas notas sobre a polissemia da boa aparência. *Estudos Afro-Asiáticos*, Rio de Janeiro, v. 31, p. 125-150, 1997.

DAMATTA, Roberto. *Carnavais, malandros e heróis*: para uma sociologia do dilema brasileiro. Rio de Janeiro: Zahar, 1978.

_____. *Conta de mentiroso*. Rio de Janeiro: Rocco, 1993.

DOMINGUES, José Maurício. *Sociologia e modernidade*: para entender a sociedade contemporânea. Rio de Janeiro: Civilização Brasileira, 1999.

DOMINGUEZ, Virginia R. *White by definition*: social classification in Creole Louisiana. New Brunswick, New Jersey: Rutgers University Press, 1986.

DUARTE, Luiz Fernando. O império dos sentidos: sensibilidade, sensualidade e sexualidade na cultura ocidental moderna. In: HEILBORN, Maria Luiza (Org.). *Sexualidade*: o olhar das ciências sociais. Rio de Janeiro: Jorge Zahar, 1999.

DURKHEIM, Emile. *The elementary forms of the religious life*. London: George Allen and Unwin, 1971.

ELIAS, Norbert. *O processo civilizador*. Rio de Janeiro: Jorge Zahar, 1993.

ERIKSEN, Thomas Hylland. *Ethnicity & nationalism*: anthropological perspectives. London: Pluto Press, 1993.

ERIKSON, Erik. *Identidade, juventude e crise*. 2. ed. Rio de Janeiro: Guanabara, 1987.

FARIAS, Patrícia. *Pegando uma cor na praia*: relações raciais e classificação de cor na cidade do Rio de Janeiro. Rio de Janeiro: Prefeitura do Rio de Janeiro, 2006.

FERNANDES, Florestan. *A integração do negro na sociedade de classes*. São Paulo: Dominus/Edusp, 1965.

FREYRE, Gilberto. *Casa-grande & senzala*. 21. ed. Rio de Janeiro: José Olympio, 1981.

GANDHI, Leela. *Postcolonial theory*: a critical introduction. New York: Columbia University Press, 1998.

GELLNER, Ernest. O advento do nacionalismo e sua interpretação: os mitos da nação e da classe. In: BALAKRISHNAN, Gopal (Org.). *Um mapa da questão nacional*. Rio de Janeiro: Contraponto, 2000.

GIACOMINI, Sônia Maria. Sexo e raça na construção da nação brasileira: uma leitura das representações sobre a mulata. *Interseções — Revista de Estudos Interdisciplinares*, v. 9, n. 1, p. 89-105, 2007.

GIDDENS, Anthony. *The consequences of modernity*. Oxford: Polity Press, 1990.

_____. *Modernity and self-identity*. Oxford: Polity Press, 1991.

GOFFMAN, Erving. *A representação do eu na vida cotidiana*. 8. ed. Petrópolis: Vozes, 1999.

GUIBERNEAU, Montserrat. *Nacionalismos:* o estado nacional e o nacionalismo no século XX. Rio de Janeiro: Jorge Zahar, 1997.

HABERMAS, Jürgen. Realizações e limites do Estado nacional europeu. In: BALAKRISHNAN, Gopal (Org.). *Um mapa da questão nacional*. Rio de Janeiro: Contraponto, 2000.

HALBWACHS, Maurice. *A memória coletiva*. São Paulo: Vértice, 1990.

HALL, Stuart. Old and new identities, old and new ethnicities. In: KING, Anthony D. (Org.). *Culture, globalization and the world-system*: contemporary conditions for the representation of identity. New York: State University of New York at Binghamton, 1991.

_____. *Questions of identity*. London: Sage, 1996.

_____. *A identidade cultural na pós-modernidade*. São Paulo: DP&A, 1998.

HANDLER, Richard. Is "identity" a useful cross-cultural concept? In: GILLIS, John (Org.). *Commemorations*: the politics of national identity. Princeton: Princeton University Press, 1994.

HERZFELD, Michael. *Cultural intimacy*: the social poetics of the nation-state. London: Routledge, 1997.

HOBSBAWM, Eric. Etnia e nacionalismo na Europa de hoje. In: BALAKRISHNAN, Gopal (Org.). *Um mapa da questão nacional*. Rio de Janeiro: Contraponto, 2000.

HOLANDA, Sérgio Buarque de. *Raízes do Brasil*. 15. ed. Rio de Janeiro: José Olympio, 1982.

HROCH, Miroslav. Do movimento nacional à nação plenamente formada: o processo de construção nacional na Europa. In: BALAKRISHNAN, Gopal (Org.). *Um mapa da questão nacional*. Rio de Janeiro: Contraponto, 2000.

IANNI, Otávio. *Raças e classes sociais no Brasil*. Rio de Janeiro: Civilização Brasileira, 1972.

KONDO, Dorinne. *Crafting selves*: power, gender and discourses of identity in a Japanese workplace. Chicago: Chicago University Press, 1990.

_____. *About face*: performing race in fashion and theater. London: Routledge, 1997.

LIPPI OLIVEIRA, Lúcia. *Americanos*: representações da identidade nacional no Brasil e nos EUA. Belo Horizonte: UFMG, 2000.

LOURENÇO, Eduardo. *Mitologia da saudade*. Rio de Janeiro: Companhia das Letras, 1999.

LUTZ, Catherine. *Unnatural emotions*: everyday sentiments in a Micronesian atoll and their challenge to Western theory. Chicago: University of Chicago Press, 1988.

_____; COLLINS, Jane. *Reading National Geographic*. Chicago: University of Chicago Press, 1993.

MACHADO, Igor José de Renó. Imigração em Portugal. *Estudos Avançados*, v. 20, n. 57, p. 119-135, 2006.

MANN, Michael. Estados nacionais na Europa e noutros continentes: diversificar, desenvolver, não morrer. In: BALAKRISHNAN, Gopal (Org.). *Um mapa da questão nacional*. Rio de Janeiro: Contraponto, 2000.

MARGOLIS, Maxine L. *An invisible minority*: Brazilians in New York City. Boston: Allyn and Bacon, 1998.

MARTES, Cristina Braga. Os imigrantes brasileiros e as igrejas em Massachusetts. In: REIS, Rossana Rocha; SALES, Teresa (Orgs.). *Cenas do Brasil migrante*. São Paulo: Editorial Boitempo, 1999.

MATORY, J. Lorand. Jeje: repensando nações e transnacionalismo. *Mana*, v. 5, n. 1, p. 57-80, 1999.

MAUSS, Marcel. As técnicas corporais. In: _____. *Sociologia e antropologia*. v. 2. São Paulo: EPU, 1974.

_____. A expressão obrigatória dos sentimentos. In: FIGUEIRA, Sérvulo Augusto (Org.). *Psicanálise e ciências sociais*. Rio de Janeiro: Livraria Francisco Alves, 1980.

MAcDONALD, Maryon. The construction of difference: an anthropological approach to stereotypes. In: MCDONALD, Sharon (Org.). *Inside European identities*: ethnography in Western Europe. Oxford: Berg, 1993.

MOORE, Henrietta. *A passion for difference*. Oxford: Polity Press, 1994.

NOGUEIRA, Oracy. Preconceito racial de marca e preconceito racial de origem. In: _____. *Tanto preto quanto branco*. São Paulo: T. Queirós, 1985. p. 67-93.

NORVELL, John. A brancura desconfortável das camadas médias brasileiras. In: MAGGIE, Yvonne; REZENDE, Claudia Barcellos (Eds.). *Raça como retórica*: a construção da diferença. Rio de Janeiro: Civilização Brasileira, 2002.

OLIVEIRA, Adriana Capuano de. Repensando a identidade dentro da emigração *dekassegui*. In: REIS, Rossana Rocha; SALES, Teresa (Orgs.). *Cenas do Brasil migrante*. São Paulo: Editorial Boitempo, 1999.

OLIVEIRA, Roberto Cardoso. *Identidade, etnia e estrutura social*. São Paulo: Pioneira, 1976.

_____. Os (des)caminhos da identidade. *Revista Brasileira de Ciências Sociais*, n. 42, p. 7-21, 2000.

ORTIZ, Renato. *Cultura brasileira & identidade nacional*. 5. ed. São Paulo: Brasiliense, 1994.

PISCITELLI, Adriana. "Sexo tropical": comentários sobre gênero e "raça" em alguns textos da mídia brasileira. *Cadernos Pagu*, n. 6-7, p. 9-34, 1996.

PRADO, Paulo. *Retrato do Brasil*. São Paulo: Duprat-Mayença, 1929.

RADCLIFFE, Sarah; WESTWOOD, Sallie. *Remaking the nation*: place, identity and politics in Latin America. London: Routledge, 1996.

REZENDE, Claudia Barcellos. Entre mundos: sobre amizade, igualdade e diferença. In: VELHO, Gilberto; KUSCHNIR, Karina (Orgs.). *Mediação, cultura e política*. Rio de Janeiro: Aeroplano, 2001.

_____. *Os significados da amizade:* duas visões sobre pessoa e sociedade. Rio de Janeiro: FGV, 2002.

_____. "Como tábula rasa": intercâmbio no exterior e construção de identidade juvenil. In: ROCHA, Everardo; ALMEIDA, Maria Isabel Mendes de; EUGENIO, Fernanda (Orgs.). *Comunicação, consumo e espaço urbano*: novas sensibilidades nas culturas juvenis. Rio de Janeiro: PUC-Rio; Mauad, 2006. p. 103-113.

_____. Identidade e contexto: algumas questões de teoria social. *BIB*, n. 64, 2007.

_____; LAAI, Tatiana de. Deslocamento e identidade juvenil em intercâmbio escolar no exterior. In: ENCONTRO DA ANPOCS, 30, 2006, Caxambu.

RIAL, Carmem. Jogadores brasileiros na Espanha: emigrantes porém... In: REUNIÓN DE ANTROPOLOGIA DEL MERCOSUR (RAM), 6, 2005, Montevidéu.

RIBEIRO, Gustavo Lins. Goiânia, Califórnia. Vulnerabilidade, ambiguidade e cidadania transnacional. *Série Antropologia*, Departamento de Antropologia da UnB, n. 235, 1998.

_____. O que faz o Brasil, Brasil: jogos identitários em São Francisco. In: REIS, Rossana Rocha; SALES, Teresa (Orgs.). *Cenas do Brasil migrante*. São Paulo: Editorial Boitempo, 1999.

RODRIGUES, Nina. *As raças humanas e a responsabilidade penal no Brasil*. 3. ed. São Paulo: Cia. Ed. Nacional, 1983.

ROMERO, Sylvio. *História da literatura brasileira*. 4. ed. Rio de Janeiro: José Olympio, 1949.

ROSALDO, Michelle. *Knowledge and passion*: ilongot notions of self and social life. Cambridge: Cambridge University Press, 1980.

SAID, Edward. *Orientalism*. New York: Vintage Books, 1979.

SALEM, Tânia. A trajetória do casal grávido: de sua constituição à revisão de seu projeto. In: FIGUEIRA, Sérvulo (Org.). *Cultura da psicanálise*. São Paulo: Brasiliense, 1985. p. 35-61.

SALES, Teresa. Identidade étnica entre imigrantes brasileiros na região de Boston. In: REIS, Rossana Rocha; SALES, Teresa (Orgs.). *Cenas do Brasil migrante*. São Paulo: Editorial Boitempo, 1999.

SASAKI, Elisa Massae. Movimento *dekassegui*: a experiência migratória e identitária dos brasileiros descendentes de japoneses no Japão. In: REIS, Rossana Rocha; SALES, Teresa (Orgs.). *Cenas do Brasil migrante*. São Paulo: Editorial Boitempo, 1999.

SCHUTZ, Alfred. The stranger: an essay in social psychology. In:_____. *Collected papers*. The Hague: Martinus Nijhoff, 1971.

SEYFERTH, Giralda. As ciências sociais no Brasil e a questão racial. In: SILVA, J.; BIRMAN, P.; WANDERLEY, R. (Orgs.). *Cativeiro e liberdade*. Rio de Janeiro: Seminário do IFCH/Uerj, 1989.

SIMMEL, Georg. The stranger. In:_____. *On individuality and social forms*. Chicago: University of Chicago Press, 1971.

SMITH, Anthony. *Identidade nacional*. Lisboa: Gradiva, 1997.

_____. O nacionalismo e os historiadores. In: BALAKRISHNAN, Gopal (Org.). *Um mapa da questão nacional*. Rio de Janeiro: Contraponto, 2000.

STEPAN, Nancy Leys. *The hour of eugenics*: race, gender and nation in Latin America. Ithaca: Cornell University Press, 1991.

STOLCKE, Verena. A "natureza" da nacionalidade. In: MAGGIE, Yvonne; REZENDE, Claudia Barcellos (Orgs.). *Raça como retórica*: a construção da diferença. Rio de Janeiro: Civilização Brasileira, 2002. p. 409-439.

TORRESAN, Ângela. *Quem parte, quem fica*: uma etnografia sobre imigrantes brasileiros em Londres. 1994. Dissertação (Mestrado) — PPGAS/Museu Nacional, Universidade Federal do Rio de Janeiro, Rio de Janeiro.

_____. *Loud and proud*: immigration and identity in a Brazilian/Portuguese postcolonial encounter in Lisbon, Portugal. 2004. Tese (Doutorado) — University of Manchester, Manchester.

VELHO, Gilberto. *Individualismo e cultura*: notas para uma antropologia da sociedade contemporânea. Rio de Janeiro: Zahar, 1981.

_____. *Subjetividade e sociedade*. Rio de Janeiro: Zahar, 1986.

VELOSO, Marisa; MADEIRA, Angélica. *Leituras brasileiras*: itinerários no pensamento social e na literatura. Rio de Janeiro: Paz e Terra, 1999.

VERDERY, Katherine. Para onde vão a "nação" e o "nacionalismo"? In: BALAKRISHNAN, Gopal (Org.). *Um mapa da questão nacional*. Rio de Janeiro: Contraponto, 2000.

VERTOVEC, Steven. Conceiving and researching transnationalism. *Ethnic and Racial Studies*, v. 22, n. 2, p. 447-462, 1999.

VILHENA, Luis Rodolfo. *Projeto e missão*: o movimento folclórico brasileiro 1947-1964. Rio de Janeiro: FGV/Funarte, 1997.

WEEKS, Jeffrey. Questions of identity. In: CAPLAN, Pat (Org.). *The cultural construction of sexuality*. London: Routledge, 1987.

WOODWARD, Kathryn. Identidade e diferença: uma introdução teórica e conceitual. In: SILVA, Tomaz Tadeu da (Org.). *Identidade e diferença*: a perspectiva dos estudos culturais. Petrópolis: Vozes, 2000.

Este livro foi impresso nas oficinas gráficas da Editora Vozes Ltda.,
Rua Frei Luís, 100 – Petrópolis, RJ,
com papel fornecido pelo editor.